JN074525

下岡　郁
Iku Shimooka

日中主要税法比較

差異の認知で
外国税法を理解

中央経済社

　2000年12月12日，私は税理士試験の合格通知を受け取りました。合格した嬉しさと試験勉強から解放された安堵感で，胸がいっぱいになりました。当時住んでいた広島県の地元新聞に「来日わずか6年間　難関税理士試験突破」「日本語ゼロからのスタート，中国出身の税理士誕生」のタイトルの記事が掲載され，私は取材を受けるたびに，「国際税務の専門家になりたいです！」と意気込みを語っていました。

　当時の私は，移転価格税制やタックスヘイブン対策税制を勉強し，租税条約の条文を理解していれば，国際税務の専門家になれると思っていました。しかし，実務ではまったく通用しませんでした。

　国際税務とは何か，そして，国際税務の人材は何をすればよいのでしょうか？

　当時勤務していた税理士事務所の顧客に，中国子会社から受け取る技術指導料で控除された税金の処理方法について質問されました。正直，中国の税金の内容が理解できず，税金の納付書も中国子会社の財務部長のメールに書かれている中国語の意味さえわかりませんでした。そこで私はこう思いました，「中国の税法を勉強しなくちゃ！」。

　しかし，中国の税法は法律や条例だけではなく，たくさんの通達があり，しかもよく改正されます。どうやって勉強すればよいか，ずいぶん悩みました。そこで，日本の税法と比較しながら覚える，いわゆる「比較勉強法」を試みました。日本の法人税，消費税及び所得税の主要規定に当てはまる中国の規定を探したのです。その結果，顧客に対して「この場合，日本では消費税が免除されますが，中国の増値税の課税範囲は広いので，課税となります」と説明できるようになりました。そして，半年も経たないうちに，「比較勉強法」の成果として「日中会計税務小辞典」という小冊子を作って，顧客に無料で配布しました。

本書は，日本の法人税と中国の企業所得税，日本の消費税と中国の増値税，両国の所得税や資産税の主要条項を比較したうえで，実務上よく誤解される概念や商慣習について説明しました。さらに，香港の税制及び日中クロス・ボーダー組織再編についても，著者の実務経験及び今後の法改正の見解を示しました。

　現代社会では，「異文化の理解」や「国際コミュニケーション力」が要求されます。税務の分野も例外ではありません。本書には，日中主要税金の比較及び15の「そうだったのか」（実務上よく誤解される事例の説明）並びに9つのコラム（税法改正の歴史や本質の理解）があります。中国で事業を展開する日本企業にとって，中国子会社との税務コミュニケーションツールとして使って頂くことができます。また，税理士法人や会計・税務コンサルティング会社で活躍される国際税務人材の育成のために，微力ながら貢献できれば幸甚です。

　最後に，私の長年の友人である致同会計事務所北京日本デスクの朴慧（ピョウフイ）氏が中国の税法の最新情報を提供してくれなければ，本書の完成はできませんでした。本当にありがとうございました。また，私の拙い日本語を丁寧に編集してくださった中央経済社の牲川健志氏に心から感謝を申し上げます。

2023年6月

下岡　郁

目　次

第1章

総　論

中国の税法がわかりにくいと思ったことはありますか？　実は，中国の法律は日本と同様大陸法体系であり，法人税，消費税，所得税など主要税金の仕組みも類似しています。日本の税法に照らし合わせて勉強することは，中国の税法を理解する近道だと思います。

1　日本と中国の税金の概要

(1)　税金の種類

　日本及び中国の税金を①所得課税，②消費課税，③資産課税等に分類・比較すると，次のようになります。

①　所得課税

日　本[1]		中　国
国　税	地方税	
所得税 法人税 地方法人税 特別法人事業税 復興特別所得税	住民税 事業税	個人所得税 企業所得税

②　消費課税

日　本		中　国
国　税	地方税	
消費税 関税 たばこ税 たばこ特別税 酒税 揮発油税 地方揮発油税 石油ガス税 航空機燃料税 石油石炭税 電源開発促進税 自動車重量税 国際観光旅客税 とん税 特別とん税	地方消費税 地方たばこ税 ゴルフ場利用税 軽油引取税 自動車税（環境性能割・ 　種別割） 軽自動車税（環境性能割・ 　種別割） 鉱区税 狩猟税 鉱産税 入湯税	増値税 関税 消費税 地方教育附加 教育費附加 城市維持建設税 煙葉税 車両購置税 資源税 環境保護税 船舶とん税

1　日本の税の種類に関する資料は財務省ホームページ（2023.04.16時点）を参照。

③　資産課税等

日　本		中　国
国　税	地方税	
相続税・贈与税 登録免許税 印紙税	不動産取得税 固定資産税 特別土地保有税 法定外普通税 事業所税 都市計画税 水利地益税 共同施設税 宅地開発税 国民健康保険税 法定外目的税	契税 土地増値税 印紙税 房産税 城鎮土地使用税 耕地占用税 車船税 固定資産投資方向調節税

(2)　税収収入の統計

　中国の2022年の税金収入合計は16兆6,614億元（約317兆円）でした。中国の主な税金収入金額[2]及び増減率は以下のとおりです。

2022年	単位　億元	構成比	前年比
増値税（※1）	55,314	33.20%	−11.75%
企業所得税	43,690	26.22%	3.90%
個人所得税	14,923	8.96%	6.60%
消費税	16,699	10.02%	20.30%
その他（※2）	35,988	21.60%	10.34%
合計	166,614	100.00%	−3.50%

（※1）輸入増値税及び消費税を含みますが，輸出還付増値税を含みません。
（※2）契税や房産税と城鎮土地使用税並びに土地増値税17,959億元を含みます。

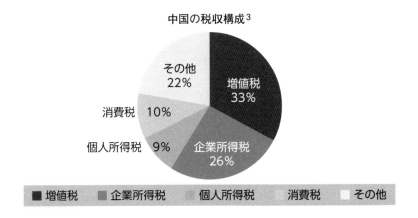

中国の税収構成[3]

上表のとおり，中国の増値税は全体税収の約3割を，企業所得税は2割超を占めます。また，2019年度の個人所得税法改正により，個人所得税は2年連続上昇し，全体税収の約9％となりました。

なお，日本の国税及び地方税の令和4年度予算は下図のとおりです。

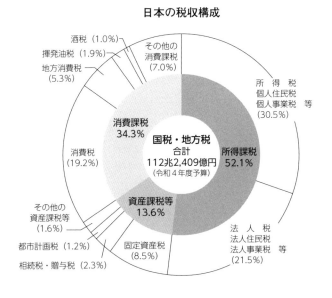

日本の税収構成

日中の税収収入ランキングの比較は下記のとおりです。

	日　本		中　国	
	税　目	比　率	税　目	比　率
1位	所得税・住民税・事業税	30.5%	増値税	33.20%
2位	消費税・地方消費税	24.5%	企業所得税	26.22%
3位	法人税・住民税・事業税	21.5%	消費税	10.02%
4位	固定資産税・都市計画税	9.7%	個人所得税	8.96%

　中国で個人所得税の税収が増加しているとはいえ，その割合は全体の約9％であるのに対して，日本の所得税税収が全体税収の30.5%を占めています。一方，中国の税収で最も多い増値税は33.2%を占めており，日本の消費税の比率の24.5%よりはるかに多いです。

コラム1　中国の「国税」と「地税」は統合されたのか？

　日本の税金には，法人税や所得税のような国税と住民税や固定資産税のような地方税があります。国税の財政収入は国に帰属し，管理徴収機関は税務署や国税局となるのに対して，地方税の財政収入は地方政府に帰属し，管理徴収機関は都道府県や市町村の地方税事務所となります。
　一方，中国では，日本のような国税と地方税の区分はありません。すべての税金はいったん国庫に納められた後，次に掲げる比率によって中央政府と地方政府に分けられます。

	税　種	中央政府	地方政府
1	増値税（次の2を除く）	50%	50%
2	輸入にかかる増値税	100%	0%
3	企業所得税（次の4を除く）	60%	40%
4	中央企業，地方銀行及び外資銀行並びに銀行以外の金融企業，鉄道部門，各銀行・保険会社の本社が納付した企業所得税	100%	0%
5	個人所得税	60%	40%
6	消費税，車両購置税，関税，船舶とん税	100%	0%

	税　種	中央政府	地方政府
7	城鎮土地使用税，房産税，車船税，土地増値税，耕地占有税，契税，煙葉税，環境保護税	0％	100％
8	資源税（次の9，10を除く）	0％	100％
9	海洋石油企業が納付した資源税	100％	0％
10	水資源企業が納付した資源税	10％	90％
11	地方教育附加，教育費附加，城市維持建設税（以下「附加税」という，次の12を除く）	0％	100％
12	鉄道部門，各銀行・保険会社の本社が納付した附加税	100％	0％
13	印花税（次の14を除く）	0％	100％
14	証券取引にかかる印花税	100％	0％

　中国では2018年に「国税と地税」の統合が行われました。ここでいう「国税」と「地税」は，日本の国税と地方税のような税金の分類ではなく，国家税務総局を頂点とする国家税務機関（以下，「国税局」といいます）と省人民政府を頂点とする地方税務機関（以下，「地税局」といいます）の略称です。

　2018年以前の税務機関は，国税局と地税局に分けられ，それぞれ特定の税金の管理徴収を行ってきました。例えば，企業にとって，企業所得税を国税局にて申告・納付し，増値税や個人所得税を地税局にて申告・納付しなければならず，作業は煩雑でした。また，税務調査の場面でも，国税局と地税局の間において納税者の情報の共有ができておらず，徴収管理の協力体制も構築しにくい問題がありました。

　この問題に対処するために，中国政府は国税と地税の統合政策を打ち出して，2018年6月15日，北京市国税局と北京市地税局が「北京市税務局」に統合されました。その後各地域の国税局と地税局の統合作業が始まり，2020年までに全国範囲で国税局と地税局が統合されました。

2　中国の税務機関と税務法令

　中国の税法を勉強する際，法令や規則の名称にとまどいを感じる人は多いと思います。例えば，中国には，日本の法人税法に相当する「企業所得税法」や所得税法に相当する「個人所得税法」があるのに，日本の消費税法に相当する増値税はなぜか「増値税暫定条例」であり，法律ではありません。

　また，「管理弁法」や「暫定弁法」のような日本ではなじみのない法令の名称もあります。日本の国税庁に相当する国家税務総局が公布する通達であっても，「税総発」や「財税」，又は「国税函」など，よくわからない略称がついているものもあります。

　これらの法令・規則の適用範囲と対象，そして優先順位はどうなっているのでしょうか？　ここで，これら中国の法令・規則の詳細について説明します。

(1)　税務機関の構成

　中国には，税金に関連する法令・規則の公布機関として，日本の国会に相当する全国人民代表大会（以下「全人代」といいます）と，日本の内閣に相当する国務院，そして，国務院の一部門である財政部及び国家税務総局があります。

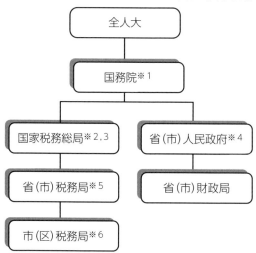

※1　日本の内閣府に相当する機関です。

※2　日本の国税庁に相当する機関です。

※3　日本の国税庁は財務省の管轄の下にありますが，中国の国家税務総局は財政部と管轄関係がなく，同レベルの機関となります。

※4　2018年に，国家税務局と地方税務局が統合することによって，人民政府の管轄の下にあった地方税務局はなくなりました。

※5　2020年12月末現在，省税務局は省レベル22か所，自治区レベル5か所，直轄市レベル4か所及び計画単列市（計画単列市とは，省の一級下の地区レベルの市です。経済・財政管理上，省レベルに相当する権限を有し，日本の政令指定都市に相当します。）レベル5か所，計36か所あります。

※6　日本の税務署に相当する機関です。

　中国の国家税務総局は国務院の一部門である財政部（日本の財務省に相当）と管轄関係がなく，独立した機関です。なお，中国の省は日本の県に相当します。自治区は内モンゴル，寧夏，新疆，広西及びチベットを指し直轄市は，北京，上海，天津，重慶を指し，計画単列市は，大連，青島，寧波，廈門（アモイ）及び深圳を指します。

(2)　法令・規則の表示方法

　実務上，よくみかける税金に関する法令・規則は主に「本法」，「条例」，「意見」，「細則」，「弁法」，「公告」，「通知」及び「函」の8種類があります。

①　概　要

　ここで，税務関連の法令・規則を例に，その分類，略称及び制定機関を紹介します。

	分　類	例　示	略　称	制定機関
1	本　法	企業所得税法	―	全人代
2①	条　例	企業所得税法実施条例	―	国務院
2②	条　例	増値税暫定条例	国務院令第538号	国務院
3	意　見	市場監督管理領域における部門連合"ダブルランダム・オール公開"管理を全面的に推進する意見	国発〔2019〕5号	国務院

4	細　則	増値税暫定条例実施細則	財政部・国家税務総局令第50号	財政部・国家税務総局
5①	管理弁法	重大な税法違反と信用喪失対象者の情報開示の管理弁法	国家税務総局令第54号	国家税務総局
5②	実施弁法	特別納税調整実施弁法	国税発［2009］2号	国家税務総局
6	公　告	納税信用管理に関する事項の公告	国家税務総局公告2020年第15号	国家税務総局
7①	通　知	税務調査システムランダム選定を推進するための実施方案	税総発［2015］104号	国家税務総局
7②	通　知	財政部・国家税務総局の企業資産損失の損金算入政策に関する通知	財税［2009］57号	財政部・国家税務総局
8	函	納税者の増値税発票の受領使用等業務をよりよくするための通知	税総函［2019］64号	国家税務総局

　先述のとおり，上表の全人大は，日本の国会に相当し，法律を制定したり，改正したり，廃止したりする機関です。国務院は日本の内閣に相当し，全国人民代表大会が可決した法律に基づいて条例等を制定する機関です。また，財政部は日本の財務省に，国家税務総局は日本の国税庁に相当する機関であり，税務関連の管理弁法や通知等の公布を通じて，各級税務局の税金の管理徴収を管轄することになっています。

②　法律及び法令

　日本では，国会が制定する法律，内閣が制定する政令（施行令）及び各省大臣が制定する省令（施行規則）以外に，国税庁長官が制定する規則及び通達などがあります。

　中国では，中国の立法権限及びプロセス等を定める「立法法」8条6項により，税種の新設，税率の確定及び税収徴収管理等の基本制度に関する事項は，法律によってのみ制定することができると規定されています（中華人民共和国立法法）。

　2022年末現在，中国の税目のうち，国の法律として制定されているのは「企業所得税法」，「個人所得税法」，「車船税法」，「煙葉税法」，「船舶とん税法」，

「環境保護税法」,「耕地占有税法」,「車両購入税法」,「資源税法」,「城市維持建設税法」及び「契税法」,「印紙税法」の12のみであり，これら以外は，すべて国務院の暫定的な措置法を根拠とするものです。

③　国家税務総局の規則等

　国家税務総局が制定した規則や通知の主な種類として，命令（令），決議,決定，公告，通告，意見，通知，通報，報告，稟議，承認，手紙，議事録などがあります。国家税務総局が単独で公布するものもあれば，財政部や税関総署などの他の政府機関と共同で公布するものもあります。そのうち，実務でよく使われているものについて以下で説明します。

　国家税務総局令

　「全国税務機関公文処理弁法」第11条の規定により，「令」は，関連する法律や政令に基づいて税務規則の公布，重大な行政措置の強制実施の公表，団体や人員の表彰をする場合に使用される文書であり，適用範囲は全国となります。例えば，増値税暫定条例実施細則は財政部と共同して公布した規則となります。

　国家税務総局公告

　「全国税務機関公文処理弁法」第14条の規定により，「公告」は，重要事項又は法定事項を国内外に公表する場合に使用される文書であり，適用範囲は全国（香港，マカオを除く，以下同様）となります。

　国家税務総局令と同様に，国家税務総局公告も一般的な拘束力を有する規範性文書とされています。

　財　税

　財税［20XX］○○号といった略称が付いた文書は，国家税務総局が財政部と共同で公布した法令であり，国家税務総局が単独で公布した規則等より適用範囲が広いです。

　税総発

　実務上，税総発［20XX］○○号や国税発［2XX］○○号といった略称が付いた文書がよく見られます。いずれも国家税務総局が公布したものであり，［　］にある西暦年は公布した年を表しており，○○号はその公布した年における公布番号を表しています。

　2012年まで国税発が使われていましたが，2013年以降国税発が廃止され，す

べて税総発が使用されるようになりました。ただし，2012年12月31日までに公布された文書は相変わらず国税発となっています。

　税総発は，上級機関に対する税務指示，報告，意見を求める場合，下級税務機関に対する全範囲の制度制定や指導意見を出す場合，年度税収計画や重要業務を知らせる場合などに使用される文書です。

税総函

　税総函［20XX］○○号は税総発と同様，国家税務総局が公布したものであり，［　］にある西暦年は公布した年を表しており，○○号はその公布した年における公布番号を表しています。

　2012年まで国税函が使われていましたが，2013年以降国税函が廃止され，すべて税総函が使用されるようになりました。ただし，2012年12月31日までに公布された文書は相変わらず国税函となっています。

　国税函は下級税務機関に対する部分的，段階的，臨時的業務の配置，年度税収計画の部分的な調整，日常税収管理業務の臨時的調整に関する通知のために使用される文書です。

　原則として，税総発及び税総函は法律や法令と違って，各級税務局に向けての指示文書であり，納税者を含めた一般大衆に対して拘束力を有しません。ただし，日常の税務業務や税務調査の際に，広い範囲で強制適用されている実情も否定できません。

3 違いを知ることこそ，理解への近道

(1) 本書の目的

　私は中国出身の税理士として，20年以上に渡り中国で事業を展開する日本企業の税務コンサルティングを行ってまいりました。その中で，中国の税法に関して言われた2つの悲しい出来事があります。

　1つは，日本人の同僚に「中国の税法は，勉強してもすぐ変わってしまいますね」とあきらめ半分で言われたことです。確かに中国の税法・法令はよく改正されます。例えば，研究開発費用の割増損金算入は，2003年に制度創設されて以来，2021年末までの19年間，合計16回も改正，補足されました。2021年だけで3回も関連法令が公布されています。

　その法令のうち，日本の国税庁のような機関である国家税務総局が制定したものもあれば，日本の財務省のような機関である財政部が制定したものもあります。さらに，法令の名称に「国家税務総局公告」や「財税」，又は「税総発」，「税総函」などの略称がついていて，適用範囲とレベルもさっぱりわかりません。これでは，勉強する気がなくなりますね。

　しかし，同僚の気持ちがわかる一方，「本法である企業所得税法の関連条文をきちんと覚えていさえすればよくて，研究開発費の範囲と割増控除の比率などは，相談を受けたときに調べればよいのでは？」と言いたくなります。条文の趣旨及び中国の経済情勢という「不変の本質」を理解することが，目まぐるしく変化する中国税法を理解するための近道と言えるのではないかと，私は思います。

　もう1つの悲しい言葉は，「中国だから，仕方がないよ」です。

　顧客である某日本企業ではその上海子会社から日本の出向社員の立替給与を受け取る際に，約16％の税金が控除されて入金となります。「所得じゃないのに，なぜ税金がかかるの？」と質問する日本本社経理部の方に対して，上海子会社の担当者は「税金を納めないと，海外送金をさせてくれないから，仕方がないよ」と答えていました。

　その言葉の後ろに，「発展途上国の法律は先進国と比べ物にならない」との気持ちが見え隠れします。その会話を聞いて，私は残念でなりませんでした。どうして，「日本と違って，中国の企業所得税法に役務提供PEの条文があり，出向社員たちの活動は中国でPEと認定されたから，課税されました」と回答できないのでしょうか？　その時，妙に愛国心が芽生えてしまったことを，今でも記憶しています。

　中国の法律は日本と同じく大陸法体系であり，法人税，消費税，個人所得税など主要税金の仕組みも類似するのに，どうしてここまで理解のギャップが生じてしまったのでしょうか？　そして，将来，その同僚が税理士法人のパートナーになり，その顧客の担当者が会社の取締役になった時に，"理不尽"や"不公平"の税法を作った中国で事業を拡大する決断をしてくれるでしょうか？

　ここで，ある国際税務に詳しい先輩から「日本と中国の税法を対照する本を作ったらどう？」とアドバイスを頂きました。「あ，そうだ！　日中税法の差異を解説することによって，自国の税法を確認しながら，相手国の同分野の税制が同時にわかる本を書こう！」とひらめきました。

　本書が，中国進出している日本企業のみならず，税理士法人や会計・税務コンサルティング会社で活躍される国際税務人材の育成のために，そして，読者の方々の会社の中国事業の発展のために，微力ながら貢献できれば幸甚です。

(2)　日中のトラブルシューティングの達人になるために

　「日中会計税務のコンサルタントになるきっかけは何でしたか？」と聞かれると，私は必ず20年前のある出来事を思い出します。2000年前後，私は広島県福山市の土屋税理士事務所に勤務していました。その時，ある畳の輸入販売を主たる事業とする顧問先の社長から相談を受けました。「中国浙江省寧波の貿易公司から，い草を輸入しているが先日そこの担当者に突然変なことを言い出されたので，信用できなくなった。来週中国に行って，彼らの要求を確かめたいので，下岡さんに同行通訳をしてほしい」とのご依頼でした。

　顧問先は寧波の貿易公司と10年以上取引をしていて，担当者間でのやり取りは英語でしたが，特に困ったこともありませんでした。しかし，数日前，貿易公司から「中国政府はい草の増値税還付率を引き下げると発表したので，貴社

に輸出する価格を上げざるを得ません」と言われたそうです。日本の常識から考えると，商品を輸出する際に消費税は免除されますし，国内の仕入れにかかる増値税は還付されるため，顧客に対する輸出価格に反映するのは確かに理解できないことです。

「増値税の還付率って何だろうか？」と不安に思いながら，「顧問先にとって重要なビジネスパートナーなので，絶対失敗できない」と緊張して中国に飛びました。寧波での貿易公司の社長及び関係者との会議に出席し，顧問先の社長の通訳をした2時間の会議が終了したときに，ペンを握っている私の手は汗がびっしょりでした。話の内容は次のとおりでした。

1．中国の増値税は日本の消費税に相当する税金であり，商品の輸出売上に対して増値税は免除される。

2．国内仕入れにかかる増値税は原則還付されるが，中国政府は製品輸出市場構造を調整するために，製品ごとに輸出還付率を設けている。い草のような輸出を抑制したい農産品に対して，「還付税率の引き下げ」を実施した（詳細は，「第3章 消費税と増値税 7クロスボーダー取引と増値税」参照）。

3．貿易公司にとって還付されない増値税が増加し，利益が圧縮されてしまう。よって，顧問先に対する輸出価格を上げざるを得なくなる。

4．ただし，い草原料そのものではなく，簡単な加工を加えた半製品であれば，農産品に該当せず，還付率の引き下げ対象ではない。よって，中国で加工工場を作りたいので，一緒に投資してほしい。

私は中国出張に行く前に，増値税の仕組みと還付制度を一生懸命調べました。貿易公司の担当者の丁寧な説明と私の「一夜漬けの知識」に基づき，日本の消費税と比較しながら今回の貿易公司の主張の意図を顧問先の社長に伝えました。顧問先の社長は一瞬にしてその背景を理解し，ちょうど人件費の安い中国で簡単な加工ができないかと考えていたことも打ち明けてくれました。

顧問先の社長が「うち一社だけで中国で会社を作るのは不安だったので，よ

いご提案をありがとうございます！」と嬉しそうに言いながら，貿易公司の社長と熱く握手したときに，私は心の中で「日中会計税務のコンサルタントになろう」と固く決意しました。帰りの空港の待合室で，顧問先の社長に「下岡さんに通訳をしてもらったおかげで，中国パートナーとの信頼関係が一層深まりました！」と褒められたことは，いまだに私の仕事の原動力となっています。

　20年後の今では，日本語を中国語に通訳することはAIでもできるようになりました。しかし，専門分野においては，言葉を通訳しただけでは理解できません。理解できないと，信頼関係も築けません。今，日中ビジネスの現場で発生している様々なトラブルの大半は，相手国の制度と相手の考えに対する「真」の理解ができないからだと思います。「この税金は日本の○○税に似ています，ただし，いくつか違う点もあります」と，お客様に丁寧に説明しながら，トラブルシューティングの達人を目指していきたいと思います。

第2章

法人税と企業所得税

企業所得税は日本の法人税に相当する税金であり，原則税率は25％，毎年の5月末までに申告・納税することとなっています。また，恒久的施設のない外国法人の適用税率は10％であり，中国国内の支払者により源泉徴収されることが多いです。

1　納税義務者と課税範囲

(1)　中国の企業所得税

①　概要[※1]

中国の企業所得税の課税範囲は，納税義務者の区分によって異なります。

納税義務者	課税範囲		税率
居住者企業	中国国内源泉所得+国外源泉所得		25%
非居住者企業	恒久的施設を有する企業	恒久的施設から生じる中国源泉所得+恒久的施設と実際関連のある国外源泉所得	
		恒久的施設と実際関連のない中国源泉所得	20%[※2]
	恒久的施設を有しない企業	中国源泉所得	

※1　企業所得税法1条，2条
※2　企業所得税実施条例第91条の規定により，10%に軽減されている。

②　居住者企業と非居住者企業の定義

「居住者企業」とは，次の企業及びその他組織（以下，「企業」という）をいいます。

　i　中国の法令により中国国内に設立された企業

　ii　外国（地域）の法律により設立されたが，実際の管理機構が中国国内にある企業

　一方，「非居住者企業」とは，外国（地域）の法律により設立され，かつ，実際の管理機構が中国国内にない外国企業をいいます。

　ここでいう実際の管理機構とは，企業の生産経営・人員・財務・財産等を実質的かつ全面的に管理・支配していることを指します。

③　国外源泉所得[※3]

　外国法人が獲得する所得の源泉地について，所得の分類に応じて次のように判断されます。

物品販売所得	取引活動の発生地
役務提供所得	役務発生（提供）地
財産譲渡所得	不動産譲渡所得 =====> 不動産の所在地 動産譲渡所得 ======> 譲渡企業及び施設・固定場所の 　　　　　　　　　　　　　　　　　　　　　　所在地 株式（出資）譲渡所得 => 被投資企業の所在地
配当・特別配当などの持分投資収益	分配する企業の所在地
利息所得・賃貸料所得・特許権使用料	負担・支払企業もしくは施設・固定場所の所在地
その他の所得	国務院財政・税務主管部門が規定する場所

※3　企業所得税法3条，企業所得税法実施条例7条

(2)　日本の法人税

　日本の法人税法の納税義務者と課税範囲は次のとおりです（法人税法4条）。

納税義務者	課税範囲
内国法人	全世界所得
外国法人	法人税法138条1項に規定する国内源泉所得

①　内国法人と外国法人の定義

　法人税法においては，「内国法人」とは，日本国内に本店又は主たる事務所を有する法人をいい，「外国法人」とは，内国法人以外の法人をいいます（法人税法2条3，4号）。

②　国内源泉所得

　法人税法138条1項に規定される「国内源泉所得」は次のとおりです。

1	恒久的施設帰属所得，国内にある資産の運用又は保有により生ずる所得，国内にある資産の譲渡により生ずる所得
2	組合契約等に基づいて恒久的施設を通じて行う事業から生ずる利益で，その組合契約に基づいて配分を受けるもののうち一定のもの

3	国内にある土地，土地の上に存する権利，建物及び建物の附属設備又は構築物の譲渡による対価
4	国内で行う人的役務の提供を事業とする者の，その人的役務の提供に係る対価（例えば，映画俳優，音楽家等の芸能人，職業運動家，弁護士，公認会計士等の自由職業者又は科学技術，経営管理等の専門的知識や技能を持つ人の役務を提供したことによる対価）
5	国内にある不動産や不動産の上に存する権利等の貸付けにより受け取る対価
6	日本の国債，地方債，内国法人の発行した社債の利子，外国法人が発行する債券の利子のうち恒久的施設を通じて行う事業に係るもの，国内の営業所に預けられた預貯金の利子等
7	内国法人から受ける剰余金の配当，利益の配当，剰余金の分配等
8	国内で業務を行う者に貸し付けた貸付金の利子で国内業務に係るもの
9	国内で業務を行う者から受ける工業所有権等の使用料，又はその譲渡の対価，著作権の使用料又はその譲渡の対価，機械装置等の使用料で国内業務に係るもの
10	給与，賞与，人的役務の提供に対する報酬のうち国内において行う勤務，人的役務の提供に基因するもの，公的年金，退職手当等のうち居住者期間に行った勤務等に基因するもの
11	国内で行う事業の広告宣伝のための賞金品
12	国内にある営業所等を通じて締結した保険契約等に基づく年金等
13	国内にある営業所等が受け入れた定期積金の給付補てん金等
14	国内において事業を行う者に対する出資につき，匿名組合契約等に基づく利益の分配
15	その他の国内源泉所得（例えば，国内において行う業務又は国内にある資産に関して受ける保険金，補償金又は損害賠償金に係る所得）

　上記のうち，1と15以外は源泉徴収の対象となります（所得税法5条，161条，162条，164条，所得税法施行令282条）。

(3)　日中差異の比較分析

　企業所得税の納税義務者及び課税範囲は一見して同じようですが，次の点が異なることに留意しなければなりません。

①　内国法人の判断基準——設立地基準か，それとも管理支配基準か？

　中国においては，全世界所得課税される内国法人の判断基準には，日本と同じ「本店又は主たる事務所を有する基準（以下「設立場所基準」という）」以外に，「実際の管理機構が中国国内にある基準（以下「管理支配基準」という）」も設けられています。よって，中国人からすれば，設立場所のみで判定する日本の税法について，「こんな"甘い"税法でいいのか？」と疑問に思ってしまいます。

　内国法人の判定が重要である場面はもう1つあります。それは，租税条約の特典適用です。例えば，日本子会社から中国親会社に配当を支払う際，国内法であれば，20.42％，日中租税条約を適用すれば，10％になります。租税条約の適用できる者は「一方の締約国の居住者」及び「他方の締約国の居住者」となっているように，その国の内国法人でなければ，特典を適用することができません。詳細は コラム2 でご説明します。

②　国内源泉所得の範囲——限定列挙か，それともその他のすべてか？

　恒久的施設を有しない外国法人に対して，国内源泉所得のみに対して課税することは，日本も中国も同じです。しかし，国内源泉所得の考え方について大きな差異があります。

　日本の法人税は，法人税法第138条1項に規定される所得に対して課税する，いわゆる限定列挙であることに対して，中国の企業所得税は，所得の種類を限定せず，源泉地の判定基準の規定にとどまっています。

　つまり，源泉地の判定がわかりにくい5種類の所得を除き，その他の所得はすべて国内源泉所得になりうるのです。実務上，中国の外貨規制を利用し，中国から海外に送金する際，納税者が国外源泉であることを証明できない限り，すべて国内源泉所得となってしまいます。

◁ コラム2 ▷　**本店所在地基準，それとも管理支配基準？**

　中国の納税義務者に関する基本認識の不足によって，実務上様々な誤解が生じます。次の事例を挙げて説明します。

　アメリカ証券市場に上場している中国の大手EC企業は，本店所在地はケイマン諸島（Cayman Islands）にありますが，中国大陸に事務所を設置し，役員，従業員はすべて中国にいます。この大手EC企業は，中国国内法人に該当するため，ケイマンの所得に対しても，中国で申告・納税しています。

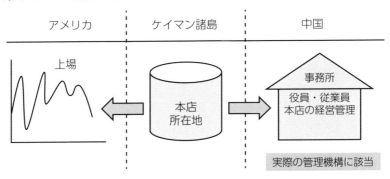

　ここで，誤解をしてほしくないのは，この大手EC企業は脱税のためにケイマン諸島に会社を設立したわけではないことです。中国の株式市場は外国投資家に対して制限があるため，世界で資金を調達するのに，株式の発行体となる法人を海外で設立するしかありません。実務上，法務，税務及び外為等の規定が柔軟なケイマン諸島はよく使用されます。

　日本では，内国法人の定義上に管理・支配基準は設けられていませんが，外国子会社合算税制（タックスヘイブン税制）及びコーポレート・インバージョン対策合算税制が措置法に規定されたことによって，多少同様な効果が得られます。

そうだったのか1
租税条約の受益者は自ら証明せよ

次のような事例を考えてみましょう。

> 日本法人甲社はその100％子会社である香港法人A社を通じて，中国に100％
> の孫会社B社を設立しました。B社はA社に対して配当を支払うことになりま
> したが，この場合配当にかかる企業所得税率はどうなるでしょうか。

　企業所得税法第3条の規定により，恒久的施設を有しない外国法人は，中国か
ら取得する配当所得に対して20％の企業所得税が課税されます。また，企業所得
税法実施条例91条により，20％の税率は10％に軽減されています。
　一方，2007年から施行された「所得に対する租税に関する二重課税の回避及び
脱税の防止のための大陸と香港特別行政区との間のアレンジメント」（以下「中
港租税取決め」という）第10条により，「一方の締約国の居住者である法人が他
方の締約国の居住者に支払う配当に対しては，これを支払う法人が居住者とされ
る締約国においても，当該締約国の法令に従って課税権を認めています。この課
税権に基いて課される租税の額は当該配当の受益者が他方の締約国の居住者であ
る場合には，次の金額を超えない」ものとされています。

(i)　受益者が配当を支払う法人の株式の25％以上を直接保有する場合	配当金額の5％
(ii)　その他の場合	配当金額の10％

1　居住者の判定

　中港租税取決め第4条は，香港の居住者を次の要件を満たす者と定義していま
す。
① 香港に住所を有する個人
② 課税年度において180日超香港に滞在し，又は連続して2つの課税年度に
　おいて300日超香港に滞在する個人
③ 香港で設立された法人及び団体，又は香港以外で設立され，香港で管理又
　は支配されている法人及び団体
④ 香港の法律に基づき設立されたその他の者，又は香港以外で設立され，香
　港で管理支配されているその他の者
　実務上，香港に設立登記された法人のうち，そのオペレーション又は事業管理
を香港において行わない法人が，税務局に対してオフショア免税（offshore

tax exemption) の適用を申請することができます。その適用が認められた場合
には，当該法人は，オフショア経営会社（離岸経営公司）として，香港の利得税
が免除されます。このようなオフショア経営会社であっても，香港内の所得に対
しては利得税が課税されます。オフショア経営会社は，香港内において事業の管
理及び支配を行わないので，租税協定の適用上，香港の居住者として扱われない
ことになります。

2　中国国内法による「受益者」の判定

　低税国にペーパーカンパニーを設立し，租税を回避する行為を防止するために，
中国国家税務総局は2018年2月に，「租税条約における"受益者"に関する問題に
ついての公告」（国家税務総局公告2018年第9号，以下「9号公告」という）及
びその解説を公布しました。

　9号公告の規定において，「受益者」とは，所得又は所得から生じる権利もし
くは財産に対して所有権及び支配権を有する者をいいます。租税協定の適用を申
請する者が，以下の状況に該当する場合，「受益者判定に不利な要素」があると
されます。

①申請者が所得の受領後12か月以内に，所得の50％以上を第三国（地域）の居住者に支払う義務を有する状況	ここでいう「支払う義務を有する」ことは，支払義務について約定がある場合，及び支払義務について約定がないものの，事実上支払うことになっている場合を含むと解されています。
②申請者が従事している経営活動が実質的な経営活動を構成しない状況	実質的な経営活動には，実質的な製造，販売，管理などの活動を含みます。申請者が従事している経営活動が実質的な経営活動を構成するか否かの判定は，申請者が実際に担っている機能及び負っているリスクに基づき行うべきであるとされます。申請者が，株式の投資管理活動を実質的な業務として行う場合には，実質的な経営活動を構成すると認められます。申請者の株式投資管理活動が実質的な業務ではなく，その他の経営活動も活発でない場合，実質的な経営活動は構成されません。

③締約相手国(地域)が，関連する所得に対して課税対象に含めていないか，又は免税とし，課税対象に含めていても，実効税率が極めて低い状況	
④利息の発生と支払の根拠となる貸付契約以外に，債権者と第三者との間に金額，利率及び締結時期等の面において類似するその他の貸付又は預金契約が存在する状況	
⑤特許権等の使用料の対象となる著作権，特許，技術等以外に，申請者と第三者との間に著作権，特許，技術等の使用許諾又は所有権の譲渡契約が存在する状況	

　中国系香港法人である顧問顧客が日本子会社の株式を譲渡した際，日港租税協定のその他譲渡所得の免税規定を適用しようとしましたが，「税務署に指摘されることはないですか？」「香港の居住者証明を取る必要はないですか？」と何度も聞かれてしまいます。

　それは，中国の内国法人の範囲は日本より広いだけではなく，他の国で内国法人と判定された場合であっても，租税条約上の「受益者」であるかどうかを判断する必要があるからです。

2 課税所得の計算

(1) 中国の企業所得税

中国の内国法人の企業所得税額は次の算式により計算されます。

・ 企業所得税＝課税所得×税率（原則税率25％）
・ 課税所得＝総収入金額－原価・費用・損失－繰越欠損金＋税法上の加算項目
　　　　　　－税法上の減算項目

これらのうち，原価・費用・損失の各項目の内訳及び認識基準は下表のとおりです（企業所得税法8条）。

項　目		認識基準
原価	売上原価・製造原価	原則：発生主義
	営業税及び地方付加税	1）費用と収益が対応していること
費用	販売費用	2）合理的な金額であること
	管理費用	3）資本的支出に該当しないこと
	財務費用	4）課税収入に関連すること
損失	営業外損失	
その他	その他支出	

(2) 日本の法人税

日本の法人税法では，課税所得は，当該事業年度の益金の額から当該事業年度の損金の額を控除した金額とされています（法人税法22条1項）。そのうち，益金の額には別段の定めがあるものを除き，当該事業年度の資本等取引以外の取引（いわゆる損益取引）による収益の額を，損金の額には別段の定めがあるものを除き当該事業年度の収益に対応する原価，期間費用及び損益取引による損失の額を算入することとします（同2項，3項）。

そして，この収益の額及び原価・費用・損失の額は，一般に公正妥当と認められる会計処理の基準に従って計算するものとされています（同4項）。

(3) 日中差異の比較・分析

　実務上，中国の企業所得税の課税所得は，会計上の収益や費用等をベースに，税務上の調整を加えて算出されることから，日本の課税所得の計算方法と同じです。ただし，税務上の加算と減算項目，いわゆる「別段の定め」に関する規定は，国によって大きく異なります。

① 益金の日中比較

　中国の企業所得税法と日本の法人税法上，収益に関する会計と税務の差異調整が必要な項目は下記のとおりとなります。中国の企業所得税法は，これらの収入を非課税収入又は免税収入と呼んでいます。

項　目	日本の益金不算入	中国の益金不算入
受取配当等	内国法人 ①完全子会社等：全額益金不算入 ②その他：配当金額の20％又は50％ 25％以上6か月以上保有する外国法人：95％益金不算入	内国法人：全額益金不算入
技術譲渡所得		内国法人が5年以上保有する非独占的技術等の譲渡所得のうち，年間500万元以下の部分：益金不算入 500万元を超える部分：50％益金不算入
国債利息		中国国債：全額益金不算入
税金還付等	本税：益金不算入 還付加算税等：益金算入	本税：益金不算入
補助金等		補助金，行政事業性料金，政府関係基金：全額益金不算入
その他		リサイクル資源を材料とする製品収入：10％益金不算入 国務院が規定するその他非課税収入

※企業所得税法7条，27条，企業所得税法実施条例26条，82〜85条，90条，99条　国家税務総局公告［2015年］82号

② 損金の日中比較

　中国の企業所得税法と日本の法人税法上，費用と支出に関する会計上と税務上の差異調整が必要な項目は下記のとおりです。

●税金等

	日　本	中　国
本税等	全額損金不算入 法人税，地方法人税，都道府県民税及び市町村民税	全額損金不算入（法8，10　条例32） 企業所得税，控除済増値税（※1）
加算税等	全額損金不算入 各種加算税及び各種加算金，延滞税及び延滞金並びに過怠税（申告期限の延長による利子税や延滞金を除く）	全額損金不算入（法10） 延滞金（※2）
罰　金	全額損金不算入 罰金及び科料（外国又は外国の地方公共団体が課する罰金又は科料に相当するものを含む）並びに過料	全額損金不算入（法10） 罰金，過料及び没収された財物の損失
税額控除分	全額損金不算入 法人税額から控除する所得税，復興特別所得税及び外国法人税	NA（※3）

　上表の「法」は「企業所得税法」を指します（本節においては同じです）。上表の「条例」は「企業所得税法実施条例」を指します（本節においては同じです）。

※1　中国には，日本の都道府県民税及び市町村民税並びに事業税のような地方税がなく，国が企業所得税を徴収したあと，一定の比率（一般企業の場合40％）に応じて地方政府に分配する仕組みとなっています。よって，中国法人の表面税率と実効税率は同じく，どちらも25％です。

※2　中国には，日本の利子税等のような税金費用はありません。

※3　中国では，税額控除の適用有無と関係なく，損金算入は認められていません。

●人件費等

　役員報酬，従業員給与及び関連福利厚生費等に関する損金算入条件の日中比較は下記のとおりとなります。

項　目	日本の損金算入額	中国の損金算入額
役員報酬（※1）	定期同額給与 事前確定届出給与 業績連動給与	全　額
従業員賃金	全　額	全　額
福利厚生費（※2）	全　額	賃金給与支給総額の14％

教育研修費^(※3)	全　額	賃金給与支給総額の2.5% ただし，超過部分は翌課税年度に繰越すことができる
工会経費^(※4)	NA	賃金給与支給総額の2％
保険料	全　額	法定社会保険料は全額損金算入

※1　中国では，取締役のことを「董事」といい，役員報酬のことを「董事費」といいます。
※2　条例40，国家税務総局公告2015年34号
※3　条例42条。ハイテク企業の場合賃金給与支給総額の８％，ソフトウェア，集積回路設計企業の場合は全額損金算入
※4　条例41，工会は日本の組合に相当する組織です。

　中国の税法が役員の給与を全額損金として認めるのに，従業員の福利や研修費用に損金算入限度額を設けることは，理解に苦しむ方もいるかもしれません。しかし，これには中国企業所得税の歴史に理由があります。

　1990年代，中国では多くの企業が国営資本でした。この時代に最初に法人課税の法令根拠となったのが，「外商投資企業及び外国企業所得税法」（以下，「外資企業所得税法」という。現在廃止）でした。外資企業所得税法では，従業員奨励福利費用は，損金ではなく，利益処分の一環として規定されていたのです。

　2008年に中国内資企業と外資系企業の企業所得税法が統一された際に，福利厚生費及び教育研修費並びに工会経費について，従業員の賃金給与の支給総額を基準に損金算入限度額が設定されるようになりました。これは，全額損金算入と全額損金不算入のどちらでもなく，その中間をとった対応策だと考えられます。

●減価償却費等

　日本及び中国の固定資産（有形固定資産，無形資産，生物を含む）の税務上，認められる減価償却方法は下記のとおりです。

	日　本	中　国
1	定額法	定額法（中国語 直線法^{※1}）
2	定率法	200%定率法（中国語 双倍余額逓減法或者年数総和法^{※1，2}）
3	NA	級数法（中国語 年数総和法）
4	生産高比例法	生産高比例法（中国語 工作量法^{※1}）

※1　条例59条，直線法は原則の償却方法，その他の償却方法は一定の要件を満たした場合のみ適用可。
※2　条例61条，国家税務総局公告2015年第68号

日本及び中国の主要な固定資産の税務上の耐用年数は，下記のとおりです。

種　類	耐用年数	
	日　本	中　国
土地使用権（※1）	NA	用途によって異なる 40年，50年，70年
建物，構築物（※2）	構造・用途によって異なる 3年～50年	20年
飛行機，列車，船舶	構造・用途によって異なる 5年～10年	10年
機器，機械及びその他の生産設備	種類によって異なる 3年～22年	10年
器具，工具，家具等	構造・用途によって異なる 2年～20年	5年
車両運搬具	構造・用途によって異なる 2年～20年	4年
電子設備	構造・用途によって異なる 3年～10年	3年
ソフトウェア	3年又は5年	2年～10年
特許権，商標権，著作権，ノウハウ，のれん	種類によって異なる 5年～10年	10年以上

※1　中国城鎮国有土地使用権払下げと譲渡の暫定条例12条
※2　企業所得税法実施条例60条

　中国では，土地の所有権が国にあるため，企業や個人は土地の使用権しか保有していません。よって，土地使用権は無形資産に該当し，減価償却の対象になります。かつ，国が土地使用権を企業又は個人に払下げ又は譲渡する際に，居住用は70年間，工業用は50年間，商業用は40年間など，使用期限が決められています。したがって，土地使用権の償却期間はその使用期限となっています。

　日本と同様，中国の固定資産の会計上の耐用年数も「合理的に見積もられた経済的使用可能予測期間」にすべきと規定されていますが，実務上，企業所得税法上の耐用年数を使用した会計処理も認められています。

●資産損失

中国では，棚卸資産，固定資産等に係る資産損失の損金算入が認められるには，国家税務総局が公布した「企業資産喪失の損金算入政策に関する通知」（財税［2009］57号）及び「企業資産損失の所得税損金算入の管理弁法」（国家税務総局公告2011年第25号）に規定する損金算入要件を満たさなければなりません。

また，棚卸資産の損失金額が当該企業の棚卸資産帳簿価格の10％以上を占め，又はその年の課税所得若しくは損失金額の10％以上である場合や固定資産の損失額が大きい場合，又は自然災害等の不可抗力による固定資産の毀損・廃却損失について，会社の法人代表及び財務責任者等が押印した書面説明書を作成し保存しなければなりません。

中国の資産処分損失に関する損金算入の管理が厳しいため，実務上，日常的に賞味期限の切れた食品を廃棄しなければならないコンビニエンスストアや飲食店は，税務局に対して，廃棄商品の損失が売上と関連性があり，かつ合理的であることを証明しなければなりません。

貸付債権以外の売掛金，前渡金等の貸倒損失の損金算入要件について，日本と中国の規定は次のようになっています。

	日本の損金算入額	中国の損金算入額
切り捨て	1．会社更生法，金融機関等の更生手続の特例等に関する法律，会社法，民事再生法の規定により切り捨てられた金額	1．債務者が法律に従って破産宣告，閉鎖，解散，取消，又は免許が法律に従って取り消された場合において，その残余財産をもって債務を弁済することができない場合
	2．法令の規定による整理手続によらない債権者集会の協議決定及び行政機関や金融機関などのあっせんによる協議で，合理的な基準によって切り捨てられた金額	2．債務者が死亡し，又は法令に基づき失踪もしくは死亡宣告を受けた場合において，その財産又は遺産をもって債務を弁済することができない場合
	3．債務者の債務超過の状態が相当期間継続し，その金銭債権の弁済を受けることができない場	3．債務者と債務整理の合意に至った事実や，裁判所による破産再建計画の承認により，債権

		の回収が不可能となった事実が存在する場合
全額回収不能	債務者の資産状況，支払能力等からその全額が回収できないことが明らかになった場合	NA
取引停止	1．継続的な取引を行っていた債務者の資産状況，支払能力等が悪化したため，その債務者との取引を停止した場合において，その取引停止の時と最後の弁済の時などのうち最も遅い時から1年以上経過したとき 2．同一地域の債務者に対する売掛債権の総額が取立費用より少なく，支払を督促しても弁済がない場合	債務の支払が3年以上延滞した場合において，決定的な証拠をもって債務者が債務を弁済することができないことが証明できる場合
その他		1．天災，戦争，その他の不可抗力により債権の回収が不可能となった場合 2．その他の国務院及び所轄財務・税務当局が規定する場合

　なお，中国の企業所得税法上，株式等の有価証券のうち，次のいずれかの条件を満たすものは，投資損失として，回収可能額を控除した金額を課税所得の計算上，損金の額に算入することができます。
・投資先が法律に従って破産宣告，閉鎖，解散，取消，又は免許が法律に従って取り消された場合
・投資先の財政状態が著しく悪化し，累計して多額な損失を計上し，3年以上連続して操業を停止しており，再建の計画がない場合
・支配権のない投資先について，投資期間が終了した場合，又は投資期間が10年を超え，投資先が3年間連続して営業損失を計上し，債務超過に陥った場合
・投資先の財政状態が著しく悪化し，累計して多額な損失を計上し，清算が完了した場合，又は清算期間が3年を超えた場合
・その他，国務院の財務・税務機関が定めるその他の場合

　また，日本と違って，実現されていない株式等の有価証券の評価損失の損金
算入は認められません。

●引当金・準備金

　日本では，貸倒引当金繰入は一定の金額を限度として損金に算入することが
できますが，中国の企業所得税法上，国務院や税務総局によって承認されて
いない引当金の繰入額は損金の額に算入できません。

●期間費用

　上記の項目を除き，一部の期間費用の損金算入限度額の日中比較は下記のと
おりです。

	項　　目	日　　本	中　　国
1	交際接待費	中小企業：800万円又は飲食費の50% 大企業：全額損金不算入	次のいずれか少ない金額 ①交際費金額の60% ②営業収入の0.5%
2	寄附金	国・指定等：全額損金 認定公益・NPO等：所得と資本に一定比率を乗じて算出した金額 一般：所得と資本に一定比率を乗じて算出した金額 国外関連：全額損金不算入	公益性：年度当期利益の12% ・限度超過額は，翌年度以後３年間にわたって繰り越して控除可能 非公益性：全額損金不算入
3	領収書のない支出	NA	全額損金不算入
4	広告宣伝費	NA	原則：総売上高（営業収入）の15% ただし，協賛支出は損金不算入 例外業種： １　化粧品製造と販売業，医薬品，飲料（酒類を除く）の製造業：総売上高（営業収入）の30% ２　タバコ業の場合：零 ・限度超過額は，翌年度に繰り越して控除可能
5	販売手数料・コミッション	NA	原則：契約収入の５% 例外業種：

			・保険企業：保険収入の18%（限度超過額は，翌年度に繰り越して控除可能） ・不動産企業：国外代理販売収入の10%
6	本社（店）配賦経費	NA	次の費用は全額損金不算入 ・内国法人間の管理費 ・企業内組織間の賃貸料，使用料 ・非銀行企業内組織間の利息

　中国の日常商取引上では，領収書である「発票」を重視する慣習があります。その理由は，昔，大半の取引は現金により決済されていたからです。

　かつて「発票はいらないから，安くして」といったような要求をよく耳にしたように，現金取引は脱税の温床になりやすいです。税務局は税収徴収を確保するために，企業や個人が勝手に領収書を発行するのではなく，一律，国が作成・印刷したもの，いわゆる「官製発票」を販売する制度を構築しました。特に，増値税の課税対象の貨物及びサービスについて，「増値税専用発票」というより厳格な領収書を発行・取得する必要があります。

　さらに，税法上，官製発票を損金算入の条件にすることによって，貨物又はサービスを購入する者の発票取得のモチベーションを高めることができます。これにより間接的に販売者の脱税行為を減らすことができます。

●繰越欠損金

　中国にも，日本のような繰越欠損金の控除制度がありますが，控除年数と控除金額の規定が異なります。

	日　本	中　国
控除年数	10年	5年（※）
控除金額	中小企業：全額 大企業：欠損金の50%	全　額

※　2018年1月1日以降，ハイテク企業又は科学技術系中小企業の資格を取得した企業については，控除年数が5年から10年に延長されました。また，130ナノメートル以下の国家奨励IC生産企業については，繰越期間の上限が10年になりました。

●**優遇税制**

　中国は日本と同様，国の投資・雇用促進政策に伴い，時限立法の形で優遇税制を設けることがあります。

	日　本	中　国
設備投資	中小企業の場合，30％の特別償却又は7％税額控除（法人税額の20％を超過する場合翌期以降繰越し）	耐用年数の短縮：耐用年数の60％を下回らないものとする（財税［2015］106号，国家税務総局公告2015年第68号
研究開発費	試験研究費の増減に応じて6〜10％ 中小企業の場合，増減に応じて12％ （ただし，法人税額の25％相当額が上限となる）	実際発生額の200％を損金算入 無形資産の場合，200％償却 （企業所得税法30条，企業所得税法実施条例95条，財税［2015］119号，国家税務総局公告2015年第97号，国家税務総局公告2021年第13号）
雇用促進	中小企業の場合，控除対象雇用者給与等支給増加額の15％〜25％	障害者雇用に伴う給与の100％割増損金算入 （企業所得税法30条，企業所得税法実施条例96条）
ベンチャー投資	認定ファンドを通じたベンチャー企業に対する出資額の8割を限度として損金算入	ベンチャー投資企業が中小ハイテク企業に対し2年以上投資した場合⇒その投資額の70％を損金算入，限度超過額は，翌年度以後に繰り越して控除可能 （企業所得税法31条，企業所得税法実施条例97条）

そうだったのか2
中国のリベート（回控^{ヒューコウ}）問題

　中国の制度に対する基本認識の不足によって，実務上様々な誤解が生じることがあります。事例を挙げて説明します。

　中国では，商品を販売する際に，顧客企業の購買担当者から回控^{ヒューコウ}を要請されることがあります。

　日本の法人税法上，使途不明金の損金不算入及び40％の追徴課税制度がありますが，中国も同様に，リベートの支払先を明らかにして，その支払先から合法的な支払証憑を取得できない場合には，企業所得税法上そのリベートの支出額を損金に算入できません。

　かつ，税務調査で損金算入が否認されるにとどまらず，リベートの支出が商業賄賂行為として行政又は刑事処罰される可能性もありますので，留意が必要です。

贈賄者	罰則（行政・刑事罰）	刑事立件基準
個　人	行政罰：10～300万元の過料及び違法所得の没収 刑事罰：3年以上の懲役・拘留及び罰金 （金額が巨額の場合3～10年の懲役及び罰金）	原則1万元以上
法　人	行政罰：10～300万元の過料及び違法所得の没収 刑事罰：罰金	原則20万元以上

コラム3　本店配賦費用の損金不算入

　日本には，ホールディングスという名前の純粋持株会社があります。持株会社の性質上，収益モデルには出資配当や，貸付金利息以外に，傘下の事業会社向けの経営管理サービスを提供するために支出した経費の補填を受け取ることが含まれています。

　具体的には，持株会社が各事業会社と締結した契約に基づき，各社からグループ管理費を毎年収受しています。当該グループ管理費は，持株会社の年間管理費の予算額を，各事業会社の売上，人件費などの比率に応じて各社に配分されています。

　しかし，実務上，中国の企業所得税法実施条例（以下，「実施条例」という）第49条の規定により，当該グループ管理費が損金不算入であると指摘されることがあります。

　実施条例第49条は，「企業間で支払われる管理費，企業の営業所間で支払われる賃料やロイヤルティ，及び金融機関以外の企業営業所間で支払われる利息は損金に算入されないものとする」と規定しています。

　どうして企業所得税法上，企業間の管理費の損金算入が認められないのでしょうか？

　それは，2008年までの企業所得税の徴収体制に由来します。かつて中国の各省（直轄市）の税務局は，その所轄地域の税金の管理徴収を行っていました。各支店や営業所は，その所在地域において税金を納付していたのです。2008年の税法改正後は，企業所得税は，すべて本店所在地で申告・納付することに改められました。

　この改正は，各省（直轄市）の税務局間の情報共有が難しかったため，グループ企業間における管理費配賦を利用した租税回避行為に対処するためではないかと推測されます。

　2008年に改正された企業所得税法には，移転価格税制や，過少資本税制及びタックスヘイブン対策税制等の国際標準とされる規定が追加されました。つまり，国際間取引について，国外関連取引を一律否認するのではなく，その取引の真実性及び価格の妥当性をより科学的に検証する方向に税制を切り替えたため，国内の関連者間取引を一律否認することの経済合理性に疑問が生じ始めたのです。

　現在，企業間の管理費は2017年3月に国家税務総局が公布した「特別納税調査調整及び相互協議手続管理弁法に関する公告」（国家税務総局公告2017年6号，以下「6号公告」という）に基づき，判断することになっています。

　6号公告の34条及び35条は，企業に直接的又は間接的な経済的利益をもたらさないサービスの対価として国外関連者に支払う以下の役務の対価は損金に算入できない旨を明らかにしました。

①	サービスの受益者が既に提供を受けている，又は自主的に実施した役務
②	投資者の投資利益を保護するために実施した支配，管理及び監督などの役務
③	企業グループに属する者が，間接的に便益を受ける役務
④	役務受領者が他の関連取引によりすでに実質的に同一の便益を受けた役務
⑤	役務受領者が果たす機能及び負担するリスクとは関係のない，又は役務受領者の経営ニーズに合致しない役務
⑥	役務受領者に直接的又は間接的な経済利益をもたらさない，あるいは，非関連者であれば自発的に購入しないか，又は自ら実施しないであろう，その他の役務

　実施条例第49条「企業間管理費の損金不算入条項」は，未だ改正又は削除されていないものの，企業所得税法に，類似取引の損金算入を容認する規定があれば，そちらの規定を，準用又は優先適用すべき方向性が示されつつあると思われます。

　実務上，持株会社はサービスを提供する事実がないまま，単に自社の管理費用を配賦しているということではなく，中国子会社の日常経営に必要なサポート活動を行っています。
　例えば，中国子会社が毎年作成する事業計画・予算の作成支援，及び新規市場の調査や潜在顧客の信用調査等は，持株会社が傘下事業会社に提供する実態のある重要なサービスです。また，中国子会社の資金調達や法務，財務，及び人事のアドバイスも行っています。その中には，株主として内部監査や連結財務諸表の作成など，中国子会社の収益に直接貢献しない活動もありますが，大半は中国子会社が現地のコンサルタント会社から受けられないサービスの性質を持つものです。
　中国子会社は，これらのサービス提供に関して，持株会社と業務委託契約書を締結し，サービスの内容と対価を明確に記載しています。さらに，持株会社の担当者との電話，メールのやりとりを始めとし，受けるサービスの詳細を説明する資料を提示することができます。
　こうした事実をもって，6号公告に規定する損金性を否定する費用に該当することはなく，企業所得税法第8条に規定する「企業の課税収入に関連して実際に支出した合理的な費用」に該当することを根拠に損金性を主張できます。

3　税額計算

(1)　税　率

　中国の企業所得税率が一律25％であると理解している人は多いですが，実は中国にも中小企業に対する優遇税率があります。具体的には次のとおりです。

	日　本		中　国	
原則	23.2％^{（※1）}		25％	
特例	中小企業の800万円までの課税所得	15％	零細企業^{（※2）}	20％^{（※3）}
			ハイテク企業^{（※4）}	15％
			重点産業・プロジェクト等^{（※5）}	一定期間の免税，減税

※1　日本の法人税以外に，地方法人税及び法人事業税，法人税住民税は別途課税され，実効税率は30.62％になります。
※2　企業所得税法28条，実施条例92条。

　中国の零細企業は次の条件を満たす企業をいいます。

	年度課税所得金額	従業員数	資産総額
工業企業	50万元未満	100人未満	3,000万元未満
その他企業	50万元未満	80人未満	1,000万元未満

※3　2021年1月1日から2022年12月31日までの間，年間課税所得が300万元以下，従業員数が300人以下，資産総額が5,000万元以下の中小企業に対して，100万元以下の所得に対して2.5％，100万元から300万元までの課税所得に対して5％の企業所得税を適用。
※4　企業所得税法28条，企業所得税法実施条例93条，ハイテク企業認定管理弁法の改正通知（国科発火［2016］32号）及びその作業ガイドライン（国科発火［2016］195号）
※5　国家が重点的に支援する公共インフラプロジェクト又は条件に合致する環境保護，省エネ節水プロジェクト，集積回路生産企業など一定の条件を満たすソフトウェア企業，技術先進型サービス企業，西部地域に設立された奨励類産業企業などに対して，一定期間の免税又は減税措置が設けられています。

(2)　税額控除

　中国の企業所得税法と日本の法人税法上の税額控除を比較すると次のように
なります。

	日　本	中　国
設備投資	租税特別措置法に規定する一定の要件を満たす場合 例：経営改善設備の特別控除，復興産業集積区域等において機械等を取得した場合の税額控除，中小企業投資促進税制，国家戦略特別区域において機械等を取得した場合の特別控除など	環境保護，省エネ，安全生産用設備投資：設備等の投資額の10％を企業所得税から控除（超過額5年繰越控除可）（条例100条）
外国税額控除	外国法人税控除可 限度額：法人税×国外源泉所得×90％/全世界所得 控除超過額又は控除余裕額の3年繰越	外国法人税控除可 限度額：当該所得の企業所得税 控除超過額の5年繰越 外国法人配当の直接・間接税額控除可 （企業所得税法23，24条）
その他税額控除	租税特別措置法に規定する一定の要件を満たす場合 例：試験研究費の特別控除，雇用者の数が増加した場合の特別控除，中小企業経営強化税制など	

　中国には，日本のような留保金課税はありません。

4　申告・納税

中国の企業所得税は日本の法人税と同様，申告納税制度になっています。

	日　本	中　国
課税年度	会計年度	1月1日から12月31日までの一年間（年の途中で開業した場合には，開業日から12月31日までの期間）
課税主体	単体 グループ通算制度	連結納税制度なし
申告期限	会計年度終了後2か月以内（延長可）	会計年度終了後5か月以内
中間申告・予定納税	半期終了後2か月以内	四半期終了後15日以内 ただし，定額徴収方式に該当する企業は毎月翌月15日以内
外国法人の申告・納税	内国法人と同様	支払者の源泉徴収義務あり 源泉徴収した日から7日までに納付

　中国の企業所得税法の「第五章　源泉徴収」は，外国法人に国内源泉所得を支払う者に対して，企業所得税を源泉徴収する義務を明文化しています。

　源泉徴収義務者は，企業所得税法の規定により，企業所得税を計算し，税金を徴収した日から7日以内に国に納付するとともに，所轄税務局に企業所得税源泉報告表を提出しなければなりません。企業所得税の課税標準及び税率は下記の表のとおりになります。

所得の種類	課税標準	税率
配当，利息，ロイヤルティ等	支払う収入金額	10%
建設工事，役務提供等	収入金額×認定利益率	25%
譲渡益	譲渡収入−取得価格−譲渡費用	10%
その他所得	税務局が認定した方法	PEあり25% PEなし10%

※　企業所得税の計算上，原則として，実際発生した収入から対応する費用及び損失等を控除して課税所得を計算しますが，外国法人が健全な会計帳簿を設置せず，根拠証憑の確認ができない場合には，税務当局は収入に次の認定利益率を乗じて課税所得を計算することができると規定されています（国税発［2010］19号通達第5条）。
① 請負工事，設計及びコンサル業務：15%〜30%

② 管理マネジメント業務：30%〜50%
③ その他のコンサル業務：15%〜

(1)　外国法人の源泉徴収及び外貨管理制度

　日本においては，外国法人が取得する国内源泉所得に対して，配当や使用料などのように，日本国内の支払者が所得税の源泉徴収義務を負うものと，恒久的施設（Permanent Establishment，以下「PE」という）に帰属する事業所得や資産の譲渡所得などのような，外国法人自身が法人税の申告納税義務を負うものがあります。

　日本の所得税は，源泉徴収方式（通則法15②二，③一）又は申告納税方式（通則法16①一）により課税されます。外国法人に対して課される所得税は，源泉徴収方式によってのみ課税されます。さらに，外国法人のPE帰属所得を含む特定の国内源泉所得に対しては，源泉徴収される所得税以外に，申告納税方式の法人税が課税され，PE帰属所得に対して源泉徴収された所得税がある場合には，法人税の額から控除されます。

　一方，中国では，外国法人に対して（個人）所得税がかからないため，企業所得税のみ課税されることになります。その課税方法として，納税義務者が自ら申告・納税する方法以外に，対価又は所得を支払う者が源泉徴収をする方法もあります。

①　外国法人に対する源泉徴収制度

　先述したとおり，中国の企業所得税法の「第五章　源泉徴収」で，源泉徴収義務者は，源泉徴収をした企業所得税をその源泉徴収した日から7日以内に国に納付しなければならないとされています。外国法人が取得する国内源泉所得に対する課税は次のように規定されています。

外国法人の区分	源泉徴収の対象となる国内源泉所得	源泉徴収義務者	税金計算
PE無	・PE帰属所得以外の国内源泉所得	支払者	課税所得×企業所得税率10%
PE有（建設・労務PEを除く）	・PE帰属国内源泉所得 ・PEに帰属する国外源泉所得	支払者	課税所得×企業所得税率25%

建設・労務PE有	外国法人が取得する中国国内の建設工事又は労務役務収入	建設工事・労務役務の対価の支払者	収入（対価）×認定利益率×企業所得税率25%

② 課税所得の計算方法

　企業所得税法上，PE帰属所得に係る課税所得は，原則として収入から原価や費用を控除した金額（以下「所得課税」という）で計算されます。しかし，外国法人自身で，収入と原価や費用を正確に計算できない，又は明確に証明できないことがあります。

　この場合でも，外国法人に対する所得課税は，源泉徴収義務者に対して行われますので，源泉徴収義務者は，支払うべき対価の額に認定利益率を乗じて所得を計算する方法（以下「収入課税」）又は費用から認定利益率を用いて所得を逆算する方法（以下「経費課税」）を採用することができます。

	経費課税	収入課税	所得課税
条件	会計資料が不健全で，収入又は原価費用を正確に計算できない場合	会計資料が不健全で，収入の計算ができる場合	会計資料が健全で，課税所得額を正確に計算できる場合。ただし，外国法人が当該課税所得額に関する情報を源泉徴収義務者に対して，対価の支払前に通知した場合に限る。
課税所得	（経費支出／（1－認定利益率）×認定利益率	収入金額×認定利益率	収入－原価・費用
例示	PEに該当する駐在員事務所	中国から対価を受け取る役務場所	配当・利子・使用料(※)中国法人の株式譲渡

※実務上，配当，利子，使用料について，必要経費の控除は求められません。

③ 認定利益率

　なお，認定利益率はその所得の内容に応じて税務当局によって決定されます。具体的には，税務機関は国税発（2010）19号第5条により，下記の基準により外国法人の利益率を認定します。

　ⅰ　請負工事，設計及びコンサル業務：15%～30%

　ⅱ　管理マネジメント業務：30%～50%

　ⅲ　その他労務又は経営活動：15%～

④　外貨管理制度との関係

　企業所得税法第39条の規定により，源泉徴収義務者が法令に従って源泉徴収せず，又は源泉徴収義務を履行することができない場合，納税義務者である外国法人はその所得の発生地において，企業所得税を申告・納付しなければなりません。また，納税義務者が法律に従って申告・納付しない場合，所轄税務局は中国における当該外国法人の他の所得の支払者から支払うべき金額から税金を徴収することができます。

　日本の源泉徴収制度は，所得税の源泉徴収の対象となる所得については，源泉徴収義務者が納税義務者とされ，源泉徴収義務が履行されない場合であっても，外国法人に対して所得税の課税又は徴収処分が行われることはありません。外国法人が納税義務者とされるのは，法人税の課税を受ける場合です。

　中国においては，外国法人に対する源泉徴収義務は確実に履行されています。なぜかというと，外貨管理制度があるからです。中国法人が海外に送金をする際，その送金する取引（以下「外貨取引」という）は内容によって，経常項目と資本項目に分けられます。

外貨取引の分類

　資本項目は事前に外貨管理局の許可を得て，銀行に専用口座を開設して行わなければなりません。経常項目でも，中国法人が外国法人と契約を締結する際には，所轄税務局に当該契約書を届け出（以下「備案登記」という）なければなりません。備案登記を受理した税務局は，当該外国法人の納税義務の有無を

判定し，課税方式を確定します。

　中国国内の源泉徴収義務者は，その支払う対価の金額が5万米ドル以上の場合，税務局の規定する期限内に「支払備案表」（海外送金届出）を取得しなければなりません。その後，銀行に関連書類を提出し，外国法人に送金を行います。つまり，税金を源泉徴収しなければ，海外送金ができない仕組みとなっているため，源泉徴収義務が確実に履行されるのです。

(2)　延滞税と加算税

　中国においては，納税義務者が所定の期間内に税金を納付しない場合，又は源泉徴収義務者が所定の期間内に税金を源泉徴収したうえで納付しない場合，税務機関は期間内に納付することを命じるほか，税金を納付しなかった日から1日につき1万分の5に相当する延滞税を課するものとしています（税収徴収管理法第32条）。

　1日につき1万分の5を，年率に換算すると，年率18.25％になります。延滞税の計算期間に関する制限規定がないため，申告期限から5年が経過していれば，5年分の延滞税を納付する必要があります。

　また，「税収徴収管理法」（以下「徴管法」という）の関連規定により，次に掲げる状況に該当する場合，税務機関は納税義務者及び源泉徴収義務者に対して税金の追徴を行うとともに，追徴する税金の50％〜500％に相当する加算税を課することができます。

(1)　納税義務者又は源泉徴収義務者が次に掲げる脱税行為を行う場合（63条） 　i　帳簿及び記帳証憑の偽造，改ざん，隠ぺい，及び無断廃棄 　ii　帳簿において売上の過少計上又は費用の過大計上 　iii　税務機関から申告の通知を受けたにもかかわらず申告をしない，又は虚偽の申告をすることによる過少納税
(2)　納税義務者が無申告又は税金の不納付・過少納付をする場合（64条）
(3)　納税義務者が財産を移転又は隠ぺいすることによって，未納税金の徴収を妨げる場合（65条）
(4)　虚偽の輸出免税又はその他の詐欺手段をもって，税金の還付を申請する場合（66条，比率は100％〜500％，かつ一定期間の輸出還付申請受付停止）
(5)　暴力や脅迫によって納税を拒否する場合（67条，比率は100％〜500％）

| (6) | 税務機関から期限内に納付決定をもらったにもかかわらず過少納付又は不納付の場合（68条） |
| (7) | 源泉徴収義務者が源泉すべき税金を源泉しない場合（69条，比率は50％〜300％） |

日本と中国の延滞税及び加算税の比較は次のとおりになります。

		日　本	中　国
延滞税率		原則：2か月以内：7.3％ 上記以外：14.6％ 特例：特例基準割合（平均貸付割合＋1％） 　　　2021年の実績は1.5％	年率18.25％
延滞税計算期間の上限		1年間	なし
加算税率	無申告	5％〜20％	脱税の場合のみ 50％〜500％
	過少申告	5％〜15％	
	（源泉徴収）不納付	5％〜10％	
	重加算税	45％〜50％	

徴管法第52条は，過少申告又は過少納付に対して罰則が課される期間及びその内容について，次のように規定しています。

No	過少申告又は過少納付の分類	期　間	延滞税 （年率18.25％）	加算税 （50％〜500％）
1	税務機関の責任によるもの	3年以内に発見された場合	なし	なし
2	納税義務者及び源泉徴収義務者のミスによるもの	原則：3年以内 特例：5年まで延長可	あり	あり
3	納税義務者及び源泉徴収義務者の仮装隠蔽によるもの	期限なし	あり	あり

　実務上は，原則として直近3年間に対して税務調査が行われますが，状況に応じて，5年間まで範囲を拡大される可能性もあります。ただし，移転価格税制に関する税務調査対象期間は「企業所得税法実施条例」第123条の規定により，最大10年まで延長されています。

　さらに，1つ留意して頂きたいことがあります。徴管法第86条は「税法及び

行政法規の違反で行政処分を受けるべき行為のうち，5年以内に発見されない場合は，以後行政処分を行わないものとする」と規定しているため，多くの企業が5年が経てば，過少申告又は過少納付したすべての税金は免除になると勘違いしていることです。徴管法に規定する「行政処分を行わない」のは，加算税などの罰則をかけないことのみであり，本税は対象にならないと解釈されるべきです。

　また，徴管法には延滞税及び加算税以外に，罰金や行政処罰の規定も設けられています。さらに刑事責任を問われる可能性もあります。

●罰　金

(RMB＝人民元)

種　類	内　容	金　額	法　令
総論	税務登記や届出帳簿証憑の準備，口座又はシステム報告義務違反の場合	原則：2,000RMB以下 厳重：2,000RMB超10,000RMB以下	徴管法第60条
源泉徴収証憑保存	源泉徴収義務者が関連帳簿及び証憑等を作成・保管しなかった場合	原則：2,000RMB以下 厳重：2,000RMB超5,000RMB以下	徴管法第61条
期限後申告等	期限内に申告資料を提出しなかった，又は源泉税を納付しなかった場合	原則：2,000RMB以下 厳重：2,000RMB超10,000RMB以下	徴管法第62条
原始証憑	原始証憑の偽造又は虚偽の原始証憑の使用	50,000RMB以下	徴管法第64条
税務検査	税務機関による税務検査の逃避・拒否・妨害	原則：10,000RMB以下 厳重：10,000RMB超50,000RMB以下	徴管法第70条
発票	発票の違法印刷	原則：10,000RMB以下 厳重：10,000RMB超50,000RMB以下	徴管法第71条
金融機関	金融機関が口座の税務検査，凍結協力等の拒否，預金の移転の協力	金融機関に対して：10万RMB以上50万RMB以下 個人に対して：1,000RMB以上10,000RMB以下	徴管法第73条
その他	その他行政処罰で所轄税務局が決定するもの	2,000RMB以下	徴管法第74条

●その他行政処罰

　加算税や延滞税のような経済的な処罰以外に，税法違反をした納税義務者及び源泉徴収義務者に対して，次に掲げる行政処罰も設けられています。

1．警　　告
2．過　　料
3．違法所得等の没収
4．生産又は業務の停止
5．営業許可証の取消の提起
6．発票の差押え又は発行停止
7．その他行政処罰

　中国においては，営業許可証が取り消されたり，増値税専用発票の発行が停止されたりする場合には，事実上生産や日常経営ができなくなってしまいます。

●刑事責任

　脱税行為による税額が納付すべき税額の10％以上，かつ税額が1万元以上の重大な脱税行為について，刑法の規定に基づき，懲役や罰金などの刑事罰が科されることになります（中国刑法第201条～212条）。

　そのうち，特に増値税専用発票に関連する違法行為について，最長10年以上の懲役又は無期懲役が課されることもありますので，留意が必要です。

　一方，たとえ脱税金額が10％以上，かつ1万元以上である場合でも刑事責任が追及されないケースもあります。それは，以下の3つの前提条件を満たす納税義務者又は源泉徴収者のケースです（刑法修正案（七）第3条）。

1．所轄税務機関から徴収決定通知を受領した後，納付すべき税金を納付したこと
2．延滞税及び加算税を支払ったこと
3．税務機関から行政処分を受けたこと

　ただし，5年以内に脱税により刑事処罰を受けた者，または税務機関により2回以上行政処罰を受けた者はこの限りではありません。

そうだったのか3
**　　法人でも源泉税がかかる？**

　中国系日本子会社の顧問顧客が中国大陸の親会社に配当を支払う際に，次のような会話がありました。

日本税理士：日本子会社から中国親会社に支払う配当に対して，20.42％（日
　　　　　　中租税条約を適用する場合は10％）に相当する所得税が源泉徴収
　　　　　　されます。
中国顧客　：所得税とは，企業所得税のことですか？
日本税理士：いいえ，単なる所得税です，源泉所得税とも言います。
中国顧客　：毎年3月15日までに申告する所得税ですか？　弊社は法人なのに，
　　　　　　どうして法人税ではなく，所得税が課税されるのですか？
日本税理士：？？？

　中国人には，日本の「源泉税」の定義はとてもわかりにくいです。
　一方，日本法人の顧客がその中国子会社の持分を中国法人に譲渡する際，次のような会話がありました。

中国税理士：持分の譲渡益に対して中国の企業所得税が課税されます。買い手
　　　　　　である中国法人が貴社に持分譲渡代金を送金する際，10％に相当
　　　　　　する企業所得税を源泉徴収してから送金しますから，貴社は申
　　　　　　告・納税する必要はありません。
日本顧客　：企業所得税なのに，どうして源泉徴収されるのですか？

　上の例と逆に，中国の「源泉徴収」とは税金の種類と関係なく，天引きして納付する納付の仕方のみ指していることにも，日本人は違和感があるようですね。

5　国際税務

　2008年から施行された企業所得税法に，「特別納税調整」の章が新たに追加され，国際税務に関する条文が組み入れられました。特別納税調整の大半は移転価格税制に関する規定となっています。

　ここでは，移転価格税制の解説を省略し，日本のタックスヘイブン対策税制や過少資本税制に関する内容を比較分析してみます。

(1)　タックスヘイブン対策税制の日中比較

　中国の企業所得税法45条に，「内国法人に支配され，中国の標準税率より明らかに低い国家（地域）に設立された子会社等で，合理的な理由なく利益の配当を行わない（配当の減額を含む）場合，当該子会社等の利益のうち居住者企業に帰属すべき部分を，当該居住者企業の当期課税所得に加算しなければならない」と規定されていることから，日本の外国子会社合算課税と類似する税制であることがわかります。

　具体的な条件について，日本と中国の規定は次のように異なります（法45，条例117）。

		日　本	中　国（※）
1.　外国関係会社	①持株割合	居住者及び内国法人が50％超保有 単独保有：10％以上	単独保有：10％以上，かつ，内国法人等共同保有：50％以上
	②実質支配	居住者及び内国法人が実質支配 単独保有：10％以上	上記①の基準に満たないが，持分，資金，経営，商取引等の関係を通して当該外国企業を実質支配している場合
2.　トリガー税率		実際税負担率： ペーパーカンパニー：30％未満 その他：20％未満	実際税負担率：12.5％未満

3．適用除外	納税者が次に掲げる経済活動基準を満たした場合 ①事業基準 ②実体基準 ③管理支配基準 ④所在地国基準又は関連者基準 ※ただし，経済活動基準をすべて満たしても，受動的所得を合算して課税	納税者が次に掲げるいずれかの条件を満たすことを証明できる場合 ①国家税務総局の指定する非低税率国（地域）に設立された場合 ②積極的な経営活動により獲得した所得 ③年間利益総額が500万元以下
4．課税方法	納税者が法人税の申告書の別表17（3の7）を添付し，適用除外条件を満たさない場合，みずから申告・納税する	納税者は企業所得税申告書に「対外投資状況表」を添付 所轄税務機関が適用対象と判断した場合，《受控外国企業中国居民股东确认通知书》を発行したうえで，課税を行うことができる

※ 企業所得税法45条，企業所得税法実施条例117条，118条，特別納税調整実施弁法（試行）84条

※ 特別納税調整実施弁法（試行）の改正案のパブリックコメントにより，適用除外条件は次のように改正される可能性があります。
 ・当期の留保利益が500万人民元を下回ること
 ・帰属所得の被支配外国企業の当期所得に占める割合が50％より低いこと
 ・経営上の合理的なニーズがあること。例えば，利益を実質的な生産経営活動あるいは投資活動に再投資すること

(2) 過少資本税制の日中比較

① 制度の概要

　中国の企業所得税法第46条により，「企業はその関連者からの有利子負債と当該関連者による出資金額の割合が規定の基準を超える場合，その関連者に対する超過利息支出は課税所得金額の計算上損金に算入されない」と規定されていることから，日本の過少資本税制と類似する税制であることがわかります。

　なお，具体的な条件については，日本と中国の規定は次のように異なります（法45，条例117）。

		日　本	中　国（※）
1 国外支配株主等	①持株割合	直接又は間接25％以上保有	直接又は間接25％以上保有
	②実質支配又は資金供与等	融資又は債務保証など	融資額が資本金の50％以上 董事等の過半数又は1名以上常勤董事を派遣 その他技術，商取引等を通して実質支配
2．負債/資本の比率		3倍以上	一般企業2倍以上 金融企業5倍以上

※　国家税務総局公告2016年第42号

　ただし，中国には，日本のような対象純支払利子等の額のうち調整所得金額の20％を超える部分の金額につき，当期の損金の額に算入しない，いわゆる「過大支払利子」の課税制度はありません。

②　中国の借入規制

　中国では，企業所得税法上過少資本税制の規定はありますが，実務上あまり適用されていません。なぜかというと，外国から資金を借り入れること（以下，「外債」という）に対して，外為規制があるからです。

　中国大陸の企業は，原則として外債を借りることができませんが，外国法人又は個人によって25％以上の持分が保有されている外資系企業に対して，特別に次に掲げる外債の上限金額「以下，「外債限度額」という」が設けられています。

※外債限度額（＊）＝企業の純資産額×レバレッジ率×マクロプルーデンス政策因数
　＊中国人民銀行通達2017年第9号

項　目	一般企業	銀行以外の金融機関	銀行等の金融機関
資本金・純資産額	純資産で計算	資本（＊）で計算 ＊払込資本あるいは株式＋資本準備金	Tier 1 Capitalで計算
レバレッジ率	2	1	0.8
マクロプルーデンス政策因数	1	1	1
外債限度額	純資産の2倍	資本の1倍	Tier 1 Capitalの0.8倍

　つまり，外資系企業であっても，純資産の2倍しか海外から借り入れること

ができません。

　かつ，企業が外債を借りる際，所轄外貨管理局にて外債限度額の範囲内で事前登記（以下，「外債登記」という）をした後，専用の銀行口座にて外債の入出金を行わなければなりません。また，所轄外貨管理局は企業の外債の用途や使用状況を厳しく管理しているため，外債を利用した節税対策は実務上少ないです。

(3)　移転価格税制の日中比較

①　制度の概要

　中国の企業所得税法第41条の規定により，企業とその関連者との間の取引が，独立企業間原則に合致していないため，企業又はその関連者の納付税額又は課税所得金額を減少させた場合は，税務機関は合理的な方法で調整を行う権限を有します。

　上記に規定する「関連者」とは，次の表の項目のうち，いずれか1つ以上に該当する者をいいます。日本と中国の関連者の比較は下表のとおりです。

項　目	日　本	中　国(※)
持株関係	相互間又は第三者により，直接又は間接に持分総額の<u>50％以上</u>を保有	相互間又は第三者により，直接又は間接に持分総額の<u>25％以上</u>を保有
資金関係	事業活動に必要な資金の<u>相当部分</u>を借入又は保証を受けて調達	自己資金の<u>50％以上</u>を借入又は借入総額の<u>10％以上</u>が保証されている
人的関係	役員の<u>1/2以上</u>又は代表権を有する役員が他方の法人の役員等を<u>兼務又は他方の法人により実質決定</u>されている	董事等の高級管理職の<u>過半数</u>又は<u>1名以上</u>の常務董事が派遣されている
技術関係	事業活動の基本となる工業所有権，ノウハウ等に依存している	相手の特許権利を利用しなければ生産経営が正常に行えない
販売仕入	事業活動の相当部分を他法人との取引に依存して行っている	原材料等の仕入又は製品等の販売の価格・取引条件等が支配又は決定されている
その他		その他生産経営，取引が実質支配されている

※国家税務総局公告2016年第42号（以下「42号公告」といいます）

●独立企業間価格の算定方法（日中比較）

　企業とその関連者との間の取引は「独立企業間価格」に基づいて行わなければなりません。「独立企業間価格」の算定方法は，次のとおりです。

日　　本	中　　国（※）
基本三法 　・独立価格比準法（CUP） 　・再販売価格基準法（RP） 　・原価基準法（CP） 基本三法に準ずる方法 その他政令で定める方法 　・取引単位営業利益法（TNMM） 　・利益分割法（PS）	独立価格比準法（CUP） 再販売価格基準法（RP） 原価基準法（CP） 取引単位営業利益法（TNMM） 利益分割法（PS） その他合理的な方法

　その他合理的な方法としてコストアプローチ，マーケットアプローチ及びインカムアプローチに基づき独立企業間価格を算定する方法があります。

①コスト 　アプローチ	代替又は再取得の原則を基礎とし，現時点の市場価格の下で類似する資産を創造するために発生する支出を評価することによって，検証対象の価値を確定します。コストアプローチは代替可能資産の価値評価に適用されます。
②マーケット 　アプローチ	市場における同様又は類似する資産の直近の取引価格を利用し，直接的な比較又は類推分析によって，検証対象の価値を確定します。マーケットアプローチは市場において，検証対象資産と同様又は類似する比較可能な非関連取引の情報が入手できる場合に適用されます。
③インカム 　アプローチ	評価対象の将来における予測収益の現在価値を評価することによって価値を確定します。収益法は企業全体の資産と将来における予測収益の単一資産の評価に適用されます。

※国家税務総局公告2017年第6号

② 　ドキュメンテーションの準備と提出義務

i 　最終親会社等届出書

　日本では，一定の要件を満たす企業は，年度関連者間取引報告表を提出する際に最終親会社等届出書を作成しなければなりません。日本と中国の最終親会社等届出書の提出要件及び期限の比較は下記のとおりです。

	日　本	中　国
要　件	直前の最終親会計年度の連結総収入金額が1,000億円以上の多国籍企業グループの構成会社等である内国法人又は恒久的施設を有する外国法人	NA
期　限	会計年度の終了の日まで	NA
方　式	e-Tax方式	NA

ⅱ　国別報告書

中国では，一定の要件を満たす企業は，年度関連者間取引報告表を提出する際に国別報告書を作成しなければなりません。日本と中国の国別報告書の提出要件及び期限の比較は下記のとおりです。

	日　本	中　国（※）
要　件	《条約方式》直前の最終親会計年度の連結総収入金額が1,000億円以上の多国籍企業グループの構成会社等である内国法人（最終親会社等又は代理親会社等に限ります）《子会社方式》上記多国籍企業グループの構成会社等である内国法人（最終親会社等又は代理親会社等を除きます）又は恒久的施設を有する外国法人	①　当該居住者企業が多国籍企業グループの最終持株企業であり，かつその前会計年度の連結財務諸表における各種の収入総額が55億元を超える場合。②　当該居住者企業が多国籍企業グループによって国別報告書の提出企業に指定されている場合。
期　限	会計年度の終了の日の翌日から１年以内	５月末まで
方式と言語	e-Tax方式　英語	中国語

※42号公告５条

上記の国別報告書の作成範囲には属しませんが，その企業の属する多国籍企業グループがその他の国の関連する規定に従って国別報告書を準備すべき場合，以下のいずれの条件に該当する場合，税務機関は特別納税調査を実施する際に国別報告書の提供を企業に要求することができます。

・多国籍企業グループがいずれの国にも国別報告書を提出していない場合
・多国籍企業グループがすでにその他の国に国別報告書を提出している場合で，中国と当該国がまだ国別報告書の情報交換体制を確立していない場合
・多国籍企業グループがすでにその他の国に国別報告書を提出しており，中国と当該国も既に国別報告書の情報交換体制を確立しているが，国別報告書が実際には中国と交換されていない場合

iii　マスターファイル

　中国では，一定の要件を満たす状況企業は，マスターファイルを準備しなければなりません。日本と中国のマスターファイルの提出要件及び期限の比較は下記のとおりです。

	日　本	中　国（※）
条　件	直前の最終親会計年度の連結総収入金額が1,000億円以上の多国籍企業グループの構成会社等である内国法人又は恒久的施設を有する外国法人	①　年度においてクロス・ボーダーの関連者間取引が発生し，かつ当該企業の財務諸表を連結する最終持株企業の属する企業グループがすでにマスターファイルを準備している場合。 ②　年度における関連者間取引の増額が10億元を超える場合。
期　限	会計年度の終了の日の翌日から1年以内	企業グループの最終持株企業の会計年度終了日から12か月以内に準備し，かつ，税務機関の要求があった日から30日以内に提出しなければならない
方式と言語	e-Tax 日本語又は英語	中国語

※42号公告11条，19条

iv　ローカルファイル

　中国では，一定の要件を満たす企業は，ローカルファイルを準備しなければなりません。日本と中国のローカルファイルの提出要件及び期限の比較は下記のとおりです。

	日 本	中 国 (※)
条 件	次の場合には，当該事業年度の一の国外関連者との国外関連取引について，同時文書化義務を免除 ① 当該一の国外関連者との間の前事業年度（前事業年度がない場合には当該事業年度）の取引金額（受払合計）が50億円未満，かつ ② 当該一の国外関連者との間の前事業年度（前事業年度がない場合には当該事業年度）の無形資産取引金額（受払合計）が3億円未満である場合	当該事業年度における国外関連者との取引が次に掲げる場合 ① 有形資産の所有権の譲渡金額（来料加工業務については年度における輸出入の通関価格により計算）が2億元を超える。 ② 金融資産の譲渡金額が1億元を超える。 ③ 無形資産の所有権の譲渡金額が1億元を超える。 ④ その他の関連者間取引の金額が合計4,000万元を超える。
期 限	調査において提示又は提出を求めた日から一定の期日	関連者間取引が発生した年度の翌年6月30日までに準備 かつ，税務機関の要求があった日から30日以内に提出
方式又は語源	NA	中国語

※42号公告13条，19条

　また，国外関連者のために来料加工又は進料加工等の単一的な生産，販売又は契約型研究開発業務に従事する中国企業が欠損を計上する場合，上記の基準を満たすか否かにかかわらず，欠損年度のローカルファイルを準備しなければなりません。

ⅴ　特殊事項ファイル

　中国では，一定の要件を満たす状況企業は，特殊事項ファイルを準備しなければなりません。具体的には，次の対応をしなければならない場合があります。

企業がコストシェアリング契約を締結又は実施する場合	コストシェアリングの特殊事項文書を準備しなればなりません。
企業の関連負債資本比率が基準比率を超え，独立取引の原則に合致することを説明する必要がある場合	過少資本の特殊事項文書を準備しなければなりません。

　特殊事項ファイルは関連者間取引が発生した年度の翌年6月30日までに準備しなければなりません（42号公告5条〜第19条，国家税務総局公告2017年第6号28条）。

③　罰　則

日　本	中　国
正当な理由がなく国別報告書とマスターファイルを期限内に税務署長に提供しなかった場合には，30万円以下の罰金が課されます（措法66条の4の4第7項）。	中国では，同時文書を準備していない場合，納税者は2,000人民元から10,000人民元の罰金が科されます。もし，納税者が提出を拒否すれば50,000人民元までの罰金が科されます。 移転価格の調整による追徴企業所得税額に対して，人民元貸付基準利率に5％を加えた率に相当する利息を追加して徴収することになっています（企業所得税実施条例122条）。

6　組織再編税制

(1)　合　併

①　日本の制度

　日本における会社の合併とは，2つ以上の会社が契約によって1つの会社に合体することです。そのうち，会社が他の会社とする合併であって，合併により消滅する会社の権利義務の全部を合併後存続する会社に承継させる「吸収合併」（会社法2条27号）と，二以上の会社がする合併であって，合併により消滅する会社の権利義務の全部を合併により設立する会社に承継させる「新設合併」があります（会社法2条28号）。

　合併により，存続会社又は新設会社は消滅する会社の資産・負債及び権利・義務を包括的に承継したうえで，消滅会社の株主に自社の株式等を対価として交付します。消滅会社は合併によって解散となりますが，清算手続きは不要かつ，合併の登記によって，第三者に対抗することができます。

　平成17年改正前商法のもとでは，消滅会社の株主に交付する対価は，存続会社又は新設会社の株式でなければならないとされていましたが，現行の会社法では，金銭その他の資産を交付することも認められています。さらに，平成19年の会社法改正により，存続会社の親会社の株式の交付もできるようになり，いわゆる「三角合併」が認められるようになりました。

②　中国の制度

　中国における合併は，公司法等の規定に従って，2つ以上の会社が1つの会社になる企業統合の行為です。合併には，新設合併と吸収合併の2種類があります（公司法172条）。

新設合併	合併の当事会社の株主が新たに1つの会社を設立し，合併当事会社が解散する形態をいう。
吸収合併	合併当事会社の一方が他の会社を吸収し，他の会社が解散する形態をいう。

　会社が合併する際，合併当事者（被合併法人）の債権債務が合併後の新設法人又は存続法人に承継される点（公司法第174条），及び被合併法人の清算手続

きをとらなくても自動的に解散・消滅される点は，日本の合併制度と共通しています。

中国企業の組織再編に際して支払われる対価には，「持分支払」と「非持分支払」があります。持分支払とは，自社株式又は自社が持つその持株会社の株式による支払であり，非持分支払とは，現預金，売掛金，有価証券（自社株式を除く），棚卸資産，固定資産，その他の資産による支払です。非持分支払のみでの合併，つまり現金合併は認められることになります。

また，外国法人又は非居住者の持分割合が25％以上になる外資系企業（以下「外商投資企業」という）は，その規模によって，各省・市又は区の商務機関の許可を受けて設立することになっているため，合併する際も当初の設立認可機関の許可を受ける必要があります。特に，省又は市をまたがる合併について，存続法人の所轄政府機関にて許可を受けた後に，消滅法人を所轄する政府機関にて抹消手続きを行わなければなりません。実務上手続きが煩雑なだけではなく，消滅法人の所轄政府機関から許可が下りないケースもあったようです。

③　合併に関する税務

＜日本＞

日本の法人税法における原則的な考え方は，合併による合併法人から被合併法人への資産・負債の移転も譲渡と同様に扱うことです。つまり，被合併法人は，合併の時における時価により資産・負債を合併法人に譲渡したものとして，譲渡損益を認識しなければなりません（法人税法62条第1項）。

一方，合併法人は，受け入れた資産・負債を時価で取得したものとして扱い，その時価純資産価額が合併により増加する資本の額と乖離しているときは，その差額は「資産調整勘定」又は「負債調整勘定」として，5年均等償却により損金又は益金の額に算入されます（法人税法62条の8）。

また，被合併法人の株主は，交付される合併対価（株式等の時価）が被合併法人の資本金等の額を超える部分につき，みなし配当を認識します（法人税法24条1項）。さらに株式以外の資産の交付がある場合には，譲渡損益の認識も要します。

＜中国＞

中国法人及び中国に恒久的施設を有する外国法人が組織再編を行った場合，その再編時の時価により，承継された資産・負債にかかる収益又は損失を認識し，25％に相当する法人税を申告・納付しなければなりません。また，中国に恒久的施設を有しない外国法人が中国で獲得する配当所得又は資産譲渡所得に対しては，10％に相当する法人税を申告・納付しなければなりません（以下「一般税務処理」という）。

④ 適格合併の比較

＜日本＞

合併の際，原則として課税されますが，グループ内の合併又は事業統合を目的とする合併（適格合併）については，担税力が低いため，合併の際に課税を行わず，適格の条件を満たさなくなった時に課税する，いわゆる課税の繰延べ措置が講じられています。適格合併の条件は下記のとおりです。

共通要件	合併に際して被合併法人の株主等に合併法人又は合併親法人（三角合併の場合）の株式以外の金銭等の交付がないこと	
企業グループ内の合併	100％の持分関係	合併の前後で被合併法人と合併法人の間に直接又は間接に100％の持分関係がある場合，対価として金銭等の交付がない限りにおいて適格合併になる。
	50％超100％未満の持分関係	合併の前後で被合併法人と合併法人の間に直接又は間接に50％超100％未満の持分関係がある場合，対価として金銭等の交付がなく，かつ，以下の2つの要件を満たす場合に適格合併となります。 ・従業者引継要件 被合併法人の従業者のおおむね80％以上が合併後に合併法人の業務に従事することが見込まれる。 ・移転事業継続要件 被合併法人の主要な事業が合併後に合併法人において引き続き営まれることが見込まれる。
共同事業を行うための合併	合併当事者間の持分関係が50％以下もしくは資本関係がない企業グループを超えた合併であっても，対価として金銭等の交付がなく，かつ，以下の要件をすべて満たす場合に適格合併となります。 ・事業関連要件 被合併法人の主要な事業のいずれかと合併法人のいずれかの事業が相互に関連するものであること。 ・事業規模要件又は役員の経営参画要件 　被合併法人の事業と合併法人の事業（被合併事業に関連する事業に限る）の規模の割合がおおむね5倍を超えない。	

	被合併法人の特定役員のいずれかと合併法人の特定役員のいずれかが，合併後に合併法人の特定役員となることが見込まれている。 ・従業者引継要件　被合併法人の従業者のおおむね80％以上が合併後に合併法人の業務に従事することが見込まれる。 ・移転事業継続要件　被合併法人の主要な事業が，合併後に合併法人において引き続き営まれることが見込まれる。 ・株式継続保有要件　被合併法人の株主で，合併により交付を受ける合併法人の株式又は合併親法人の株式（議決権のないものを除く）の全部を継続して保有することが見込まれる者の保有株式数の合計が被合併法人の発行済株式等の80％以上である。

　適格合併の場合，合併の日前7年以内に開始した被合併法人の各事業年度の繰越欠損金のうち，未使用のものは合併法人に引き継がれます（法人税法57条2項）。

　ただし，グループ内の合併を利用した繰越欠損金の濫用を防止するため，合併法人と被合併法人の間に，いずれか一方の法人が他方の法人の発行済株式の総数又は出資の総額の50％超を直接又は間接に保有する関係，いわゆる特定資本関係があり，かつ，その特定資本関係が，合併法人の適格合併に係る合併事業年度開始の日の5年前の日以後に生じている場合には，被合併法人の未処理欠損金額は引き継ぐことができません（法人税法57条3項）。

　＜中国＞

　中国でも，日本のような資産譲渡損益を繰り延べる適格組織再編税制の条件及び具体的な税務上の処理（以下「特殊税務処理」という）が定められています。特殊税務処理の条件は下記のとおりとなります。

合理的な事業目的 （再編目的，以下同様）	課税の回避，免除及び繰延べを主たる目的としないこと
事業継続要件	企業合併後の12か月間，承継資産の従来の実質的経営活動が変更されないこと
取引対価（ⅰ又はⅱに該当すること）	ⅰ　合併により，被合併法人の株主が交付を受ける対価の内，持分支払が全体取引価額の85％以上であること ⅱ　同一支配関係にある企業間の合併であり，対価の支払がないこと
株式継続保有要件	再編後12か月間，取得した持分を譲渡しないこと

　ただし，被合併法人の繰越欠損金の引き継ぎについて，適格合併に該当して

も，次に掲げる算式で計算された金額を限度としている点は日本と異なります。

> 被合併法人の純資産時価×合併取引が発生した当事業年度末時点の国家公布した
> 最長期限の国債利率

　繰越欠損金の引き継ぎ金額を限定するのは，合併を利用した繰越欠損金の濫用的利用防止が目的であると思われます。考え方として，もし合併がなければ，被合併法人はその純資産をリスクフリーの長期国債等に運用した場合でも，最低利息分（＝純資産×国債利率）の収益を獲得することできます。その収益分に相当する繰越欠損金は合併行為に関係なく，合併法人において引き続き控除を認めたというわけです。

　しかし，逆に欠損法人を存続法人にし，黒字法人を消滅する法人とする場合には，上記制限が適用されないことからも，今後法改正が行われる可能性も考えられます。

⑤　日中合併制度の比較

日本及び中国の合併制度について次のように比較します。

		日　本	中　国
定義		2つ以上の会社が契約により1つの会社に合体すること	2つ以上の会社が1つの会社になる企業統合行為
分類	新設合併	合併により消滅する会社の権利義務の全部が合併後存続する会社に承継される合併	合併の当事会社の株主が新たに1つの会社を設立し，合併当事会社が解散する合併
	吸収合併	合併により会社の権利義務の全部が合併後存続する会社に承継される合併	合併当事会社の一方が他方の会社を吸収し，他方の会社が解散する合併
対価		①合併存続（新設）法人の株式（自己株式を含む） ②金銭その他の資産（親会社株式を含む） ③①と②の組み合わせ	①合併存続（新設）法人の株式（自己株式を含む）， ②現預金その他の資産 ③①と②の組み合わせ
効果		すべての権利義務が包括承継される	同　左
		消滅会社は解散手続きを経ずに解散となる	同　左

機関決定	存続会社及び消滅会社の株主総会の承認 ただし，略式手続き及び簡易手続きの場合は除外される。	存続会社及び消滅会社の株主総会の3分の2以上の承認 ただし，外資系企業は所轄政府機関の許可を受ける必要がある
税務	原則課税 適格要件を満たす場合，課税の繰延べあり	原則課税 適格要件を満たす場合，課税の繰延べあり
税務／租税回避防止	繰越欠損金使用制限 コーポレート・インバージョンのタックスヘイブン対策税制の適用	繰越欠損金の使用制限 間接譲渡による租税回避の防止策
その他	反対株主等による買取請求権 株主による差止請求権	外資系企業の合併に関する特別法令あり

日本と中国の適格合併の要件を次のように比較します。

	日　本			中　国
	100%	50％以上100％未満	50%未満	
再編目的	NA			課税の回避，免除及び繰延べを主たる目的としないこと
事業継続要件	NA	(1)主要な資産・負債の移転 (2)移転事業従業者のおおむね80％が移転先事業に従事 (3)移転事業の継続	(1)事業の関連性があること (2)事業規模（売上，従業員,資本金等）がおおむね5倍以内 又は特定役員への就任 (3)左記の(1)～(3)	企業合併後の12か月間，承継資産の従来の実質的経営活動が変更されないこと
再編対価	合併法人等の株式のみの交付であり，金銭等の支払がないこと			(1)合併により，被合併法人の株主が交付を受ける持分の支払いが，全体取引価額の85％以上であること 又は (2)同じく支配されている企業間の合併であり，かつ対価の支払がないこと
継続保有要件	100%関係の継続	50%関係の継続	NA	再編後12か月間，取得した持分を譲渡しないこと

(2)　分　割

①　日本の制度

日本における会社分割とは，1つの会社を2つ以上の会社に分けることをいいます。被分割会社がその事業に関する権利義務の全部又は一部を分割会社に承継させます。分割には，新設した会社に承継させる「新設分割」と既存の会社に承継させる吸収分割があります。

分割により，承継会社又は新設会社は分割会社の資産・負債及び権利・義務を包括的に承継したうえで，分割会社の株主に自社の株式等を対価として交付します。合併と異なり，分割後の分割会社は依然として存続し，かつ，分割の登記によって，第三者に対抗することができます。

平成17年改正前商法のもとでは，消滅会社の株主に交付する対価は，存続会社又は新設会社の株式でなければならないとされていましたが，現行の会社法では，金銭その他の資産を交付することも認められています。さらに，平成19年の会社法改正により，承継会社又は新設会社の親会社の株式の交付もできるようになり，いわゆる「三角分割」が認められるようになりました。

②　中国の制度

中国の分割とは，公司法等の規定に従って，1つの会社が2社以上の会社に分離する法律行為です。分割には，新設（解散）分割と派生（存続）分割との2種類があります（公司法175条）。

新設分割	分割当事会社の株主が新たな会社を設立し，分割当事会社が事業承継させたうえで，解散する形態をいう。
派生分割	分割当事会社が存続上，その一部の事業を分離して一つ以上の企業を設立したうえで，事業承継させる形態をいう。 ※会社が分割する際，分割当事者（分割法人）の債権債務が分割後の新設法人又は存続法人に承継される点（公司法第176条）は，日本の分割制度と共通しています。一方，日本の吸収分割は，中国では，次に述べる「持分支払による資産買収」制度と類似しています。
持分支払による資産買収	譲渡企業がその実質経営性資産を譲受企業に譲渡し，譲受対価として譲渡企業の持分を交付する取引をいう。 ※ここでいう「実質経営性資産」の解釈について詳細な法令は公布されていませんが，企業会計上の「経営性資産」は企業の営利目的とする生産経営のため，所有又はコントロールする資産等を指していることから，単純な資産譲渡ではなく，事業譲渡と理解すべきだと考えられます。

③　分割に関する税務

＜日本＞

　日本の法人税法における原則的な考え方は，分割による分割法人から承継法人又は新設法人への資産・負債の移転も譲渡と同様に扱うことになります。つまり，分割法人は，分割の時における時価により資産・負債を合併法人に譲渡したものとして，譲渡損益を認識しなければなりません。

　一方，承継法人又は新設会社は，受け入れた資産・負債を時価で取得したものとして扱い，その時価純資産価額が合併により増加する資本の額と乖離しているときは，その差額は「資産調整勘定」又は「負債調整勘定」として，5年均等償却により損金又は益金の額に算入されます。

　また，分割法人の株主は，交付される分割対価（株式等の時価）が分割法人の資本金等の額を超える部分につき，みなし配当を認識し，さらに株式以外の資産の交付がある場合には，譲渡損益の認識も要します。

＜中国＞

　中国法人及び中国に恒久的施設を有する外国法人が組織再編を行った場合，その再編時の時価により，承継された資産・負債にかかる収益又は損失を認識し，25％に相当する法人税を申告・納付しなければなりません。また，中国に恒久的施設を有しない外国法人が中国で獲得する配当所得又は資産譲渡所得に対しては，10％に相当する法人税を申告・納付しなければなりません（以下，一般税務処理という）。

④　適格分割

＜日本＞

　合併と同様，担税力が低いグループ内分割について，分割の際に課税を行わず，適格の条件を満たさなくなった時に課税する，いわゆる課税の繰延べ措置が講じられています。適格分割の条件は下記のとおりです。

共通要件	分割に際して分割法人の株主等に承継法人又は新設法人あるいはその親法人（三角分割の場合）の株式以外の金銭等の交付がないこと	
企業グループ内の分割	100％の持分関係	分割の前後で被分割法人と分割法人の間に直接又は間接に100％の持分関係がある場合，対価として金銭等の交付がない限りにおいて適格分割になります。

	50％超100％未満の持分関係	分割の前後に分割法人と承継法人又は新設法人の間に直接又は間接に50％超100％未満の持分関係がある場合，対価として金銭等の交付がなく，かつ，以下の2つの要件を満たす場合に適格となる。 ・従業者引継要件分割法人の従業者のおおむね80％以上が承継法人又は新設法人の業務に従事することが見込まれる。 ・移転事業継続要件分割法人の主要な事業が承継法人又は新設法人において引き続き営まれることが見込まれる。
共同事業を行うための分割		分割当事者間の持分関係が50％以下もしくは資本関係がない企業グループを超えた分割であっても，対価として金銭等の交付がなく，かつ，以下の要件を全て満たす場合に適格となります。 ・事業関連要件分割の主要な事業のいずれかと承継法人のいずれかの事業が相互に関連するものであること。 ・事業規模要件又は役員の経営参画要件 　分割の事業と承継法人の事業（被合併事業に関連する事業に限る）の規模の割合がおおむね5倍を超えない。分割法人の特定役員のいずれかが分割後に承継法人の特定役員となることが見込まれている。 ・従業者引継要件 分割法人の従業者のおおむね80％以上が分割後に承継法人又は新設法人の業務に従事することが見込まれる。 ・移転事業継続要件 分割法人の主要な事業が，分割後に承継法人又は新設法人において引き続き営まれることが見込まれる。 ・株式継続保有要件 分割法人の株主で分割により交付を受ける承継法人又は新設法人の株式又はこれらの親法人の株式の全部を継続して保有することが見込まれる者の保有株式数の合計が分割法人の発行済株式等の80％以上である。

＜中国＞

　中国においては，資産譲渡損益を繰り延べる適格組織再編税制の条件及び具体的な税務上の処理（以下，特殊税務処理）が定められています。

合理的な事業目的（再編目的，以下同様）	課税の回避，免除及び繰延べを主たる目的としないこと
事業継続要件	企業分割後の12か月間，承継資産の従来の実質的経営活動が変更されないこと
取引対価	分割により，被分割法人の株主が交付を受ける持分の支払は，全体取引価額の85％以上であること
持分割合	被分割法人の株主は従来の持株比率により，分割法人の持分を交付されること

株式継続保有要件	再編後12か月間，取得した持分を譲渡しないこと ただし，被分割法人の繰越欠損金の引き継ぎについて，適格分割に該当しても，次に掲げる算式で計算された金額を限度としています。 被分割法人の繰越欠損金額×各企業の取得した資産額/被分割法人の総資産額

⑤　日本と中国の分割制度の比較

	日　本	中　国
定義	1つの会社を2つ以上の会社に分けること	1つの会社が2社以上の会社に分離する法律行為
分類	新設分割：分割会社の権利義務の全部を新設の会社に承継させる分割	新設分割：分割当事会社の事業を新設会社に承継させる分割
	吸収分割：分割会社の権利義務を既存の会社に承継させる分割	派生分割：分割当事会社の一部事業を分離して1つ以上の会社を設立する行為
対価	分割（新設）法人又はその親会社の株式 金銭その他の資産	分割（新設）法人が自社の株式又は自社が持つ株式 現預金その他の資産
効果	すべての権利義務が包括承継される	同　左
機関決定	分割当事会社の株主総会の承認 ただし，略式手続き及び簡易手続きの場合は除外される。	分割当事会社の株主総会の3分の2以上の承認 ただし，外資系企業は所轄政府機関の許可を受ける必要がある
税務	原則課税 適格要件を満たす場合，課税の繰延べあり	原則課税 適格要件を満たす場合，課税の繰延べあり
その他	反対株主等による買取請求権 株主による差止請求権	外資系企業の合併に関する特別法令あり

日本と中国の適格分割の要件を比較すると，次のようになります。

	日本			中国
	100%	50％以上100％未満	50%未満	
再編目的	NA			課税の回避，免除及び繰延べを主たる目的としないこと

事業継続要件	NA	(1)主要な資産・負債の移転 (2)移転事業従業者のおおむね80％が移転先事業に従事 (3)移転事業の継続	(1)事業の関連性があること (2)事業規模（売上, 従業員, 資本金等)がおおむね5倍以内又は特定役員への就任 (3)左記の(1)～(3)	企業合併後の12か月間, 承継資産の従来の実質的経営活動が変更されないこと
再編対価	分割法人等の株式のみの交付であり, 金銭等の支払がないこと			分割により, 被分割法人の株主が交付を受ける持分の支払は, 全体取引価額の85％以上であること
持株比率	NA			被分割法人の株主は従来の持株比率により, 分割法人の持分を交付されること
継続保有要件	100％関係の継続	50％関係の継続	NA	再編後12か月間, 取得した持分を譲渡しないこと

(3)　現物出資

①　日本の制度

日本の現物出資とは，有価証券，債権，不動産など金銭以外の資産をもって出資することをいいます。

②　中国の制度

中国の現物出資とは，企業が非貨幣性資産をもって内国法人を設立し，又は既存の内国法人の資本金を増加させることをいい，現物とは，現金，銀行預金，売掛金，受取手形及び有価証券等の投資など，貨幣資産以外の資産をいいます。

③　現物出資に関する税務

＜日本＞

日本の法人税法上，現物出資することにより取得する株式は，当該取得の時における現物出資資産の時価をもって計上し，出資資産の時価と帳簿価額との差額を損益として認識することになります（法令119①二）。

ただし，当該現物出資が次の条件をいずれも満たす場合は，日本の法人税法

上の適格現物出資に該当するため（法法2十二の十四），損益を認識せず，出資資産の帳簿価額をもって投資その他の資産に計上することになります（法法62の4）。

・　100％完全支配関係法人間の現物出資
・　現物出資法人に被現物出資法人の株式のみが交付されるもの

　ただし，被現物出資法人が外国法人の場合，出資資産が次のような国内資産である場合には，適格現物出資とされません（法令4の3⑩）。

・　国内にある不動産及び不動産にかかる権利
・　国内事業所に属する資産

　ただし，保有割合が25％以上の外国株式は，国内事業所に属する資産であっても，国内資産の範囲から除かれているので（法令4の3⑩かっこ書），適格現物出資の要件を満たします。

　＜中国＞

　中国の企業所得税法上，現物出資をする法人は出資資産を譲渡した後に出資したものとみなします。その際，法人は出資資産の譲渡によって取得する収益に対して25％の企業所得税が課税されます。また，現物出資する法人が中国国内に恒久的施設を有しない外国法人である場合，10％の企業所得税が課税されます。

　ただし，当該現物出資が次に掲げる条件を満たす場合は，現金対価に対応する部分を除き，譲渡側の課税所得または損失の認識を繰り延べることができます。

i	合理的な再編目的	課税の回避，免除及び繰延べを主たる目的としないこと
ii	持分比率	現物出資後，現物出資法人は被現物出資法人の全持分の50％以上保有すること
iii	事業継続要件	現物出資後の12か月間，出資資産は従来の実質的経営活動に使用されること
iv	取引対価	現物出資取引の対価のうち，持分対価は全体取引価額の85％以上であること
v	株式継続保有要件	現物出資後の主要株主は12か月間，取得した持分を譲渡しないこと

　中国及び国外をまたがる現物出資取引に対しては，上記 i から v までの条件を満たす次に掲げる4つのケースに限定されます。

Case1 外国法人がその100%外国子会社に，中国子会社の持分を譲渡し，かつ，次に掲げる2つの条件を満たす場合
・再編後，当該持分譲渡所得に対する源泉税率に変化がないこと
・当該外国法人は所轄税務機関に今後3年以内にその100%外国子会社の株式を譲渡しない書面承諾書を提出すること

【イメージ】

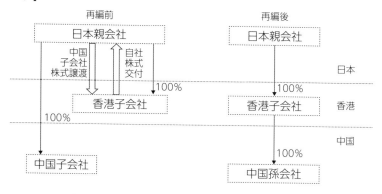

Case2 外国法人が中国の100%子会社に，別の中国子会社の持分を譲渡する場合

【イメージ】

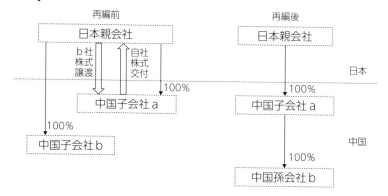

Case3　中国法人がその所有する中国子会社の持分をもってその100％外国子会
社に出資する場合

【イメージ】

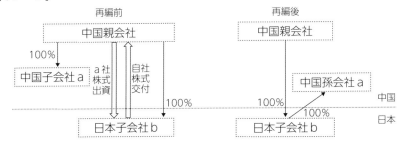

Case4　その他財政部，国家税務総局の許可を得た場合

　中国の日系企業や日本及び中国をまたがる組織再編の詳細については，第6
章で説明します。

第3章

消費税と増値税

中国の増値税は，日本の消費税に相当する税金であり，税率は13％，9％，6％及び3％の4種類あります。増値税はインボイス制度を採用し，毎月15日までに申告・納付しなければなりません。2022年12月30日，「増値税法（草案）」は全国人民代表大会常務委員会で審議され，増値税の根拠法令は現在の「暫定条例」から「増値税法」になる見込みです。

1　納税義務者と課税範囲

(1)　概　要

区　分	日　本 消法4	中　国 増値税暫定条例第1条
納税義務者	事業者	団体及び個人
課税範囲	1　日本において，事業者が行った 　・資産の譲渡や貸付 　・役務の提供 　・特定仕入れ 　・貨物の輸入 2　日本の事業者・消費者に対して提供する電気通信利用役務	中国において行った 1　物品の販売 2　加工・修理補修役務 3　課税役務の提供 4　無形資産・不動産の販売 5　貨物の輸入

　日本の消費税は，国内において事業者が事業として対価を得て行う取引に対して課税します。ここで，「事業として」とは，対価を得て行われる資産の譲渡等を繰り返し，継続，かつ，独立して行うことをいいます。また，課税対象は資産の譲渡・貸付け及び役務の提供であり，寄附金や損害賠償金などのような反対給付のない取引は課税の対象になりません。

　一方，中国の増値税には「事業として」の規定がないため，納税義務者の範囲は日本と比較して広くなります。

(2)　税　率

①　原　則

　日本では，原則の税率が10％で，飲食料品及び新聞に適用される8％の軽減税率の2種類の消費税率があります。中国の増値税率は，課税項目によって，13％，9％，6％及び3％の4種類あります。増値税の課税項目及び税率は下表のとおりです。

No	課税項目	税率
1	物品の販売，輸入（下記2を除く） 加工・修理補修役務，動産リース	13%

2	以下のものの販売，輸入 ・穀物，食用植物油 ・水道水，暖気，冷気，お湯，ガス，液化石油ガス，天然ガス，メタンガス，住居用石炭製品 ・図書，新聞，雑誌 ・飼料，化学肥料，農薬，農業機械，農業用プラスチックフィルム ・塩 ・音響画像製品及び電子出版物 ・ジメチル・エーテル ・国務院が定めるその他のもの	9％
3	交通運輸，郵便，基礎電信，建築，不動産リース，不動産の販売，土地使用権の譲渡	9％
4	付加価値電信役務，金融役務，現代的役務（リースを除く）及び生活役務の提供，不動産及び土地使用権以外の無形資産の販売	6％
5	小規模納税者（※）	3％
6	貨物の輸出，財政部及び国家税務総局が規定する一定の役務の輸出	0％

（財税［2016］36号第15条，財税［2008］171号，財税［2014］57号，財税［2018］32号，財政部・税務総局・税関総署公告2019年第39号）
※小規模納税者とは，年間増値税課税売上高が500万元（約8,500万円）以下の納税義務者をいいます（財税［2018］33号）。小規模納税者以外の納税者は一般納税者といいます。

② 増値税の優遇税制

なお，次に掲げる課税項目に対して，優遇税制が設けられています。

No	課税項目	優遇税制	根拠法令
1	風力発電収入	原則税率の50％（現行　6％）	財税［2015］74号
2	自社開発のソフトウェアの販売	3％の優遇税率	財税［2011］100号
3	パイプ輸送収入	3％の優遇税率	財税［2016］36号
4	有形動産のファイナンシャルリース及びセール・アンド・リースバック	3％の優遇税率	財税［2016］36号
5	一定の要件を満たす担保機構が取得する中小企業の担保及び再担保収入	3年間免税	財税［2016］36号
6	退役軍人の起業収入及び軍人家族の起業収入	3年間免税	財税［2016］36号

(3)　みなし譲渡

　日本の消費税も中国の増値税も，原則として，実際に受領した課税資産の譲渡等の対価の額が課税標準となります。そして消費税も増値税も例外として，対価を得ない取引に対して，資産等の時価を対価の額とみなして課税される場合等の，いわゆる「みなし譲渡」の規定が設けられています。

　日本のみなし譲渡には，個人事業者の自家消費と法人がその役員に対して行う資産の贈与及び著しく低い価額による譲渡がありますが（消費税法基本通達10−1−1，10−1−18），中国の「みなし譲渡」の規定は下記のとおりとなります（増値税暫定条例実施細則4条）。

①　物品を委託販売する場合

②　物品を受託販売する場合

③　二箇所以上の拠点を有し，合算納税を行う納税者が，物品を一方の拠点から他方の拠点（同一県又は直轄市にある場合を除く）に販売のために移送する場合

④　自家製品及び委託加工品を非課税項目に用いる場合

⑤　自家製品，委託加工品及び購入物品を出資の対象として，他の組織又は個人事業者に提供する場合

⑥　自家製品，委託加工品及び購入物品を株主又は投資者に配当する場合

⑦　自家製品及び委託加工品を福利厚生又は個人消費に使用する場合

⑧　自家製品，委託加工品及び購入物品を個人に無償贈与する場合

そうだったのか4
本支店取引に増値税がかかる？

　日本と違って，中国では省（直轄市）をまたがる本支店取引も，増値税の課税対象となります。中国語では，本店のことを「総公司」といい，支店のことを「分公司」といいます。

1　分公司の概要
　「公司登記管理条例」第45条の規定によれば，会社が経営活動を行うために，その本店所在地以外の地域に設立した場所を分公司といいます。分公司は日本の支店に相当します。分公司は独立した法人格を有する事業体ではなく，総公司（本店）の経営範囲を超えない範囲内でその所在する地域において経営活動を行わなければなりません。
　会社が分公司を設立する場合，決定日から30日以内に分公司所在地の会社登記機関4に登記を申請しなければなりません。また，分公司の登記事項が変更されたときは，速やかに会社登記所にて変更登記を受けなければなりません。さらに，分公司を閉鎖する際には，その決定日から30日以内に会社登記機関に抹消申請を行わなければなりません。

⑴　分公司の税務登記
　中国では，企業を設立し，営業許可証を受けた日から30日以内に所轄税務局にて税務登記をしなければなりません。企業の銀行口座を開設する場合や，発票を購入する際に，税務登記証を提示する必要があるため，税務登記を行わないと，日常的な経営ができないともいえるでしょう。これまで税務登記証は単独で存在していましたが，現在では，営業許可証，組織機構コード証，税務登記証及び社会保険登記証と統計登記証は一つの証書に統合される，いわゆる「五証合一」政策に基づき，営業許可証と同じ証書になっています。
　また，税務登記は本店所在地で行うだけでは足りません。「税務登記管理弁法」第2条により，企業が分公司を設立した場合，あるいは生産・運営に従事する場所がある場合は，「税収徴管法」及びその実施規則並びに本弁法の規定に基づき，税務登記を申請しなければなりません。

⑵　独立採算と非独立採算の区分
　分公司の税務登記をする際は，独立採算の分公司に該当するか，それとも非独立採算の分公司に該当するかを判断しなければなりません。

4　中国の会社登記機構は「市場監督管理局」といい，日本の法務局に相当します。

独立採算の分公司が，分公司名義で銀行口座を開設でき，増値税専用発票（以下「発票」という）を購入・発行することができるのに対して，非独立採算の分公司は総公司の銀行口座及び発票を使って経営活動を行うしかありません。

独立採算の分公司は財務証憑を保管し，仕訳伝票と会計帳簿を自ら作成し，毎月税務局に増値税の申告書を提出しなければなりません。

中国の発票は日本のインボイスに相当するものであり，増値税の仕入税額控除及び企業所得税の損金算入に不可欠な資料です。また，日本と違って，中国の発票の発行・認証・保管なども税務局によって統一管理されています。

分公司は，独立した法人ではないため，その貸借対照表と損益計算書及び製造原価報告書を，この公司間の取引による内部利益を消去し，本店の財務諸表と合算することとなります。

独立採算の総公司及び分公司が作成しなければならない財務諸表及び申告書は下表のとおりとなります。

項　目	総公司	分公司
貸借対照表	○	○
損益計算書	○	○
株主等変動計算書	○	×
監査報告書	○	×
企業所得税	○	× （予定納税有り）
源泉所得税	○	○
増値税	○	○
地方附加税	○	○
印紙税など	○	○

2　本支店間取引による増値税の取扱い

上述のように，2箇所以上の拠点を有し，合算納税を行う納税者が，物品を一方の拠点から他方の拠点（同一県又は直轄市にある場合を除く）に販売のために移送する場合，物品は譲渡されたとみなして，増値税の課税対象となります。

よって，分公司も総公司と同様に，事業活動を行う場合には，本支店間取引につき，「増値税専用発票」を発行し，増値税の申告・納付をしなければなりません。すなわち，総公司から分公司へ販売用の商品を移送するに際し，当該移送行為は総公司の分公司に対する販売とみなされ，販売にかかる増値税につき，総公司では仮受増値税，分公司では仮払増値税をそれぞれ認識します。

3 課税標準及び税額

　総公司と分公司の間の取引対価がない場合には，増値税暫定条例実施細則第16条の規定により，当月又は直近の同類物品の平均売価あるいは一定のマークアップを加算した額が増値税課税標準とされます。

　例えば，上海総公司が仕入原価1,000万円の商品を広州分公司に発送し，広州分公司が商品を顧客に1,300万円で販売している場合の課税関係は，次のようになります。

単位　万円

	上海総公司→広州分公司	広州公司→顧客
仕入金額	1,000	0
みなし仕入金額※1	—	1,100
売上金額	0	1,300
みなし売上金額※1	1,100	—
（仮受）増値税額※2	143	169
（仮払）増値税額	130	143
納付増値税額※3	13	26
申告・納税場所	上海	広州

※1　上海総公司と広州分公司間の売買金額が設定されていないため，所轄税務局の承認を得て，上海総公司の仕入金額に10％のマークアップを加算した，みなし売買金額です。
※2　増値税率は13％です。
※3　納付増値税額は仮受増値税から仮払増値税を控除した金額となります。

━━ コラム4 ━━ 歴史がわかれば未来が予測できる──増値税改革 ━━

　中国の増値税暫定条例は，「中国国内において，物品の販売又は加工，修理補修役務の提供及び貨物を輸入する団体及び個人，課税役務提供，無形資産あるいは不動産販売に従事する団体及び個人は，増値税の納税義務者になる」と規定しています。ここで違和感があるのは，「無形資産や不動産」と「物品」の違いは何でしょうか。

　そして，「加工・修理補修役務」を「課税役務」と分けて単独に抽出したのはなぜでしょうか。その理由を知るには中国の増値税の歴史から説明しなければなりません。

　増値税は，創設された1994年から現在まで，何回か大きな税制改正が行われました。この税制改正のうち，もっとも重要なのが営業税と増値税の統合です。

1　統合前

　2012年まで，中国の間接税には増値税と営業税の2種類がありました。増値税は，中国国内における物品の販売，輸入及び加工・修理・組立役務に対して課税するのに対して，営業税は，中国国内における役務の提供及び無形資産と不動産の譲渡に対して課税していました。当時の増値税及び営業税の課税方式及び適用税率は下表のとおりです。

■増値税と営業税の比較表（2012年時点）

税目	課税対象と税率	税金計算方式
増値税	1　一般納税者 物品販売・加工，修理補修役務等：17％（穀物，食用油，ガス，図書，水道他の場合は13％）	1　一般納税者 税額＝売上に係る増値税－仕入に係る増値税
	2　小規模納税者：3％	2　小規模納税者 税額＝課税売上高×3％
営業税	1　不動産業・金融業：5％ 2　交通運輸業・建設業・郵便通信業・文化体育業：3％ 3　上記以外の営業税課税役務業・無形資産の譲渡・不動産の販売・金融保険業・娯楽業：5％〜20％	納税額＝課税売上高×税率

　上表のように，増値税が物品の販売に対して課税されるのに対して，営業税は役務の提供に対して課税するため，一つの商取引に対して両方の税金が課税されることはないように見えます。しかし，事実上営業税及び増値税の双方を負担せざるをえない企業は少なくありませんでした。

　例えば，車のレンタル企業の提供するレンタルサービスは営業税の課税対象に該当し，売上に対して（サービス業の）５％の営業税を納付しなければなりませんが，その車のレンタル企業が車やガソリンを購入する際にも，17％の増値税を支払うことになります。しかし，車のレンタル企業に増値税の課税売上がない場合には，支払った17％の増値税の控除又は還付を受けることができないため，車の購入時に課された増値税をコストとして負担せざるをえなくなっていました。

　21世紀に入り，中国経済の高度成長に伴い，産業構造が製造業からサービス業，物流業，不動産業などへと転換しつつあるなか，増値税への移行による税コスト軽減が新たな産業を発展させ，経済の活性化につながります。こうした事情から，営業税を増値税に統合するための改正（以下「増値税改革」という）が必要となりました。

2　増値税改革の概要

　増値税改革は2012年１月から上海にて，同年９月から北京にてパイロット試行され，その後江蘇省，安徽省，福建省，広東省などに範囲が拡大されました。2016年５月に施行された「営業税から増値税への移行パイロットプログラムの全面施行に関する通達」（財税［2016］36号）の公布により，適用範囲は全国となり，営業税は完全に廃止となりました。増値税改革前後の税率は下表のとおりです。

■改正前後の税率

業　種	改革後（増値税率）	改革前（営業税率）
①交通運輸業	11％	3％
②郵政業	11％	3％
③電信業	基礎電信業：11％	3％
	付加価値電信業：6％	
④建築業	11％	3％
⑤金融業	6％	5％
⑥現代・生活役務業	6％	3％～20％
⑦リース業	有形動産：17％	5％
	不動産：11％	

⑧無形資産の販売	土地使用権：11％	5％
	上記の他：6％	
⑨不動産の販売	11％	5％

3　減税，それとも増税？

　中国国家税務総局はこの増値税改革を「構造的減税」と位置付け，2013年の減税予定金額を日本円で約1兆9千億円と試算していました。しかし，上表のように改正後の増値税率は改正前の営業税率より高くなっているのに，どうして減税措置として扱われたのでしょうか？

　ここで，企業と消費者の立場から増値税と営業税のメカニズムを分析してみます。例えば，車のレンタル企業が500万円で車を購入し，年間100万円でレンタルしたとします。

単位　万円

	改正前	改正後
営業税	①売上(100)×営業税率(5％) =5	—
増値税	②車代金(500)×増値税率(17％) =85	①売上(100)×増値税率(11％) =11 ②車代金(500)×増値税率(17％) =85
納付税金	①+②=90	①−②=−74（繰越控除可）

　上記のように，改正後の増値税率は営業税率より高くなりましたが，車のレンタル企業は仕入税額控除を適用することによって，税コストが軽減されることになります。ここで，消費者にとってはどうでしょうか？

　中国の増値税は日本の消費税と同様，最終消費者が税金を負担する仕組みとなっています。増値税改革は，改正前に企業が負担すべき営業税を最終消費者が負担すべき増値税に変更し，かつ，税率を高くしたことが，消費者にとって増税になったことは明らかです。

　しかし，中国の消費者にとって，商品の販売価格は，税込表示が義務付けられているため，多くの消費者は増値税の納税義務者であることを意識していませんでした。また，2012年から2016年にかけて中国の経済成長により，物価が上昇している経済環境の中において，増値税効果が目立たなくなっていたことも原因の一つと言えたのではないかと考えます。

　中国政府は減税と言いながらも，毎年の税収統計において，増値税及び営業税などの間接税の合計は年々増加しました（下表のように上海市を例に，増値税改革をテスト実施した2012年から全国範囲へ拡大した2017年にかけて，間接税額は前年と比べて増えました）。

単位　億元	2012年	2013年	2014年	2015年	2016年	2017年	2018年	2019年	2020年
間接税合計	5,078	5,166	5,651	5,676	6,194	6,942	7,185	6,819	6,351
国内増値税	2,115	2,386	2,654	2,677	3,347	4,912	5,249	5,536	4,661
営業税	898	962	1,002	1,215	928	10	2	0	0
輸入増値税及び消費税	2,883	2,679	2,876	2,759	2,820	3,374	3,379	3,063	2,912
輸出還付	-818	-861	-881	-975	-901	-1,354	-1,445	-1,780	-1.222
対前年比	0%	2%	9%	0%	9%	12%	4%	-5%	-7%

　この状況の中で，中国政府は2018年5月に物品販売の原則税率を17％から16％（軽減税率は13％から11％）に引き下げ，2019年4月にさらに16％から13％（軽減税率は11％から9％）まで引き下げました。これでようやく政府が宣伝していた「減税」効果が現れてくることになりました。

間接税合計

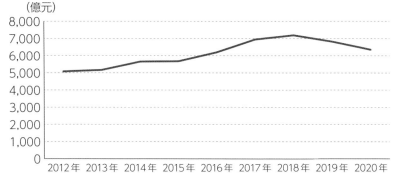

間接税内訳

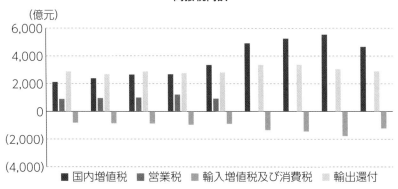

2　納税義務の判定

(1)　免税事業者

　ご存知のとおり，日本の消費税の納税義務を判断する基準は，基準期間における課税売上高が1,000万円以下の事業者であるかどうかです。この期間の売上高が1,000万円以下の事業者は，その課税期間における課税資産の譲渡等について，納税義務が免除されます（消法9）。

　さらに，基準期間のない新設法人に対しても，資本金が1,000万円未満であれば，設立してから2年間，消費税は免除されます（消費税法12条の2）。ここでいう「基準期間」とは，申告対象の事業年度の前々事業年度，つまり2年前を指します。

　なお，2年前で判断するだけなく，その課税期間の前事業年度開始の日以後6か月の期間である「特定期間」で納税義務の判定を行う場合もあります。

　一方，中国の増値税の納税義務者の判断に際しては，前々課税期間ではなく，当課税期間（原則1か月）の課税売上金額で判定されることになります。課税収入の少ない納税者に対しての免税措置は設けられています。日本の消費税と中国の増値税の納税義務の判定基準を比較すると下表のとおりです。

分　類	項　目	日本の消費税	中国の増値税
判定基準	期　間	基準期間（前々課税期間）	当課税期間（原則1か月）
免　税	対象者	すべての納税義務者	個人のみ
	金　額	年間課税売上金額 ≦1,000万円	月間売上≦5,000元～20,000元 （年間換算120万円～480万円） 一日（回）の課税売上≦150元～ 200元（一回換算3千円～4千円）
	新設法人	資本金額＜1,000万円	無
	その他	特定期間，特定新設法人， 高額特定資産等の規定有	なし

※　増値税暫定条例実施細則37条，ただし，財政部・税務総局公告2021年第11号により，2021年4月から2022年12月31日まで月間課税売上≦15万元（年間換算3,600万円）に，2023年1月1日から月間課税売上≦10万元（年間換算2,000万円）に引き上げられています（国家税務総局公告2023年第1号）。

※　計算の便宜上，為替レートを1元＝20円であると仮定し，10万円未満四捨五入とします。以下において同様です。

　上表のように，中国の増値税の免税業者は売上の種類及び所在地域によって，年間売上金額が120万円から480万円以下の個人に限定され，日本よりかなり低い水準となっていましたが，2021年に公布された財政部・税務総局公告2021年第11号により，適用範囲が個人及び企業，経済団体などに拡大され，年間売上金額3,600万円まで引き上げられましたが，2023年1月1日より年間売上金額2,000万円に引き下げました。

(2)　簡易課税

　日本においては，基準期間における課税売上高が5,000万円以下の事業者は，その課税期間の開始の日の前日までに届出書を提出すれば，簡易課税を選択することができます（消法30）。

　一方，中国では，年間課税売上金額が500万元（約1億円）以下の納税義務者に対して，一律課税売上に3％の徴収率を乗じて増値税額を計算する，いわゆる「小規模納税者制度」が設けられています。

　日本の消費税と中国の増値税の簡易課税制度を比較すると下表のとおりです。

分　類	項　目		日本の簡易課税	中国の小規模納税者制度
判定基準	期　間		基準期間（前々課税期間）	当課税期間（原則1か月）
簡易課税（小規模納税）	金　額		年間課税売上≦5,000万円	年間課税売上≦500万元（約1億円）
	税金計算		課税売上×（1−みなし仕入れ率）×消費税率	課税売上×徴収率
	税　率（対売上）		第1種から第6種　1％〜6％（1−みなし仕入率）×消費税率10％	徴収率：3％

　小規模納税者の税額の計算方法は日本の簡易課税に類似しますが，業種に応じて6種類のみなし仕入率を適用する日本の制度と比較して，かなり大雑把な規定となっています。

そうだったのか5
日本の免税優遇は悪用される!?

近年，ECサイトなどの電子商取引プラットフォームの普及によって，中国の企業や自営業者（以下「中国企業等」という）が日本に法人を設立せず，直接日本の消費者に商品を販売することが可能になっています。また，ECサイトで販売者として登録することや，変更することもインターネット上で簡単にできます。

これらの中国企業等から消費税の申告業務の依頼を受けた著者が，日本の消費税納税義務の判定基準を説明する際，いつも次のことを聞かれます。

「2年前までは日本において売上が1,000万円以下でしたが，今年は億単位で売れています。それでも今年は消費税を払う必要はないですか？」

「大手ECサイトで商品を販売している会社は外国法人なのか，それとも日本法人なのか，どうやって判定しますか？」

「もし，資本金1,000万円以下の会社をたくさん作って，2年ごとにECサイトの販売者を変えれば，ずっと消費税を払う必要はなくなります。日本ではこのような脱税行為を回避する規定はなくて大丈夫なのですか」

この質問の背景には，中国の増値税の判断基準は，あくまでも申告対象となる課税期間の売上であり，新設法人の優遇もないため，日本の判断基準に違和感があるようです。

そもそも日本の消費税の納税義務の判定時期はなぜ2年前なのでしょうか。実は，これはあくまでも納税者の経理実務を考慮した結果です。日本の消費税申告期間は1事業年度となっているため，本来であれば，申告対象の事業年度の売上で納税義務を判定すべきです。

しかし，その事業年度の売上が確定するのは，法人税や消費税の確定申告期限，つまりその事業年度が終了した日から2月以内となります。例えば，XXX3年1月1日から開始する事業年度なら，事業年度の開始日において，XXX3年度の確定売上はもちろん把握できませんし，XXX2年度の売上も集計している途中です。よって，2年前のXXX1年度の確定売上を基準にするしかありません。

一方，中国の増値税の課税期間は原則1か月間であり，インボイス制を採用しているため，申告期限の翌月15日までに課税売上を確定することができます。

　次に，ECサイト経由販売者の居住者判定についてはどうでしょうか。ある大手ECサイトのウェブサイトでは，「出品者が日本の居住者であるかどうかの判定は，設定メニューの出品用アカウント情報に表示されている会社住所と，セラーセントラルに登録されている住所情報に基づいてなされる」と記載されています。

　確かに，ECサイトの出品者登録及び変更は簡単にできますし，AIによって処理されるので，出品者の人物像を特定することは難しいです。例えば，XXX1年A国の会社名義で出品者登録をし，2年後にまったく資本関係のないB国の会社に出品者を変更し，同じ商品を販売しても，新設法人の優遇を2回受けることができます。

　日本の消費税の課税対象はあくまでも事業として繰り返し，継続，かつ，独立して行う資産の譲渡等であるため，一時的な収入や短期的に存続する者を消費税の納税義務者にしていません。また，従来のビジネス社会では，会社は半永久的に存続することを前提としていますし，対顧客や対社会の信用の観点からみても，出品者をコロコロ変えることは想定しにくいです。何よりも，ビジネスの信用性を無視した「節税対策」は本末転倒であるという考えが日本には根付いていると著者は考えております。

3　非課税取引

　中国の増値税は日本の消費税と同様，政策上の考慮から，一定の資産の譲渡及び役務の提供に対して課税しない，いわゆる「非課税」項目があります。

(1)　非課税売上

　中国の増値税暫定条例第15条及び財税2016 36号附件3 一は，中国国内における資産の譲渡又は役務の提供に該当したとしても，増値税が課税されない（免税）取引が規定されています。ここでいう免税は日本の非課税に類似し，輸出免税のことは「ゼロ税率」の適用取引と呼ばれています。日本と中国の非課税項目を比較すると次のようになります。

分　類	日本※1	中国※2
課税の対象としてなじまないもの	①　土地の譲渡及び貸付け ②　有価証券等の譲渡 ③　支払手段の譲渡 ④　預貯金の利子及び保険料を対価とする役務の提供等 ⑤　日本郵便株式会社などが行う郵便切手類の譲渡，印紙の売渡し場所における印紙の譲渡及び地方公共団体などが行う証紙の譲渡 ⑥　商品券，プリペイドカードなどの物品切手等の譲渡 ⑦　国等が行う一定の事務に係る役務の提供 ⑧　外国為替業務に係る役務の提供	∴土地所有者※3による土地使用権の譲渡及び買戻し ∴軍の余剰不動産の貸付け ∴企業や行政事業団体が取得する住宅制度改革に基づく住宅の譲渡 ∴農業生産に使用するための土地の譲渡 ∴財産分割の一環としての不動産等の無償譲渡 ∴県級以上の政府等による自然資源の譲渡 ∴一定要件を満たす金融商品の譲渡 ∴預貯金利息及び被保険者の取得する保険金収入 ∴保険会社が取得する期間が1年以上の生命保険料収入 ∴国債，消費者金融等の利息 ∴政府基金及び行政事務収入 ・外国政府及び国際組織による無償援助の輸入物資及び設備
社会政策的配慮の取引	⑨　社会保険医療の給付等 ⑩　介護保険役務の提供等 ⑪　社会福祉事業等による役務の提供等	∴医療機構の医療サービス ∴介護施設の介護サービス ・避妊薬品及び用具 ∴葬祭サービス

⑫ 助　産	・障害者組織による障害者専用の物品の直接輸入及び福利機構の関連サービス
⑬ 火葬料や埋葬料を対価とする役務の提供	∴障害者が提供する社会サービス
⑭ 一定の身体障害者用物品の譲渡や貸付け等	∴学校教育及び政府が行う学歴関連の補習等，幼稚園等の保育
⑮ 学校教育	∴政府が行う職業訓練活動
⑯ 教科用図書の譲渡	・科学研究，科学試験及び教育に直接使用される輸入機器及び設備
⑰ 住宅の貸付け	・古書
	・農業生産者が販売する自己生産の農産物
	∴農業，家畜，動植物等の研修及び管理
	・未加工の天然水の採取及び供給，ダムから農業用灌漑水の供給，工場が採取する生産用地下水等※4
	∴資産再編にかかる資産等の譲渡※5
	・個人が行う使用済物品の販売，著作権の譲渡，自家住宅の譲渡
	∴結婚紹介機構のサービス
	∴勤労学生のサービス
	∴記念館，博物館，寺院等のチケット収入
	∴台湾航空会社等の大陸運送収入
	∴国際貨物運送代理
	∴金融機構の現物による債務弁済
	∴金融企業間の利息収入
	∴商品貯蓄管理団体等が取得する利息差額の財政補填等
	∴技術譲渡，技術開発及び関連技術コンサルティング及びサービス
	∴一定要件を満たす共同エネルギー管理サービス
	∴家事サービス
	∴福利，体育宝くじの発行収入
	∴軍人の転職就業及び軍人家族の就業

※1　消法4，6，消法別表第一，消令8～16の2，消基通6-1-1～6-13-11
※2　「・」は増値税暫定条例15条に規定する非課税項目であり，「∴」は財税［2016］36号に規定する非課税項目です。
※3　中国の土地（底地）の所有権は国又は地方政府にあるため，譲渡できるのは土地使用

権のみとなります。国及び地方政府以外の者が土地使用権を譲渡する場合，9％の増値税が課税されます。

※4　「増値税若干具体問題の規定」（国税発［1993］154号）

※5　財税［2016］36号附件2，「納税人の資産再編の関連増値税問題に関する公告」（国家税務総局公告2011年第13号，国家税務総局公告2013年66号）

(2)　仕入税額の控除及び転出

　日本と同様，中国においても，非課税売上に対応する仕入税額は控除できません。よって，金銭の貸付を主たる事業とする金融機関や住宅賃貸を主たる事業とする不動産業者は消費税を支払っても，仕入税額控除又は還付を受けることができません。

　具体的には中国では，次に掲げる仕入税額は，売上税額から控除してはならないとされています（増値税暫定条例第10条）。

① 簡易課税の課税対象品目，増値税の免税品目，団体福利又は個人消費に使用されるため購入した貨物，役務，無形資産及び不動産。

② 非正常損失に対応する購入貨物，関連役務及び交通運送役務。

③ 非正常損失に対応する仕掛品，製品及び使用する購入貨物（固定資産を除く），関連役務及び交通運送役務。

④ その他国務院が定めるもの。

　上記のように，簡易課税や免税項目などに対応する課税仕入れが控除の対象にならない規定は，日本と同様です。一方，中国はそれだけではなく，商品の廃棄や会社の清算などの特別事情により，現在又は将来課税売上が生ずることが見込まれない場合（上記表の②③）でも，仕入税額控除が認められません。

　この場合，今までの控除済増値税額のうち未経過分を納付しなければならない，いわゆる「仕入税額の転出」が適用されることになります。

そうだったのか6
事業譲渡収入は本当に非課税になるのか？

96〜97頁の比較表にあるように，中国では資産再編にかかる資産等の譲渡は増値税の非課税取引になります。しかし，本当にそうでしょうか？

ここでは，事業譲渡の事例から増値税の課税関係を分析します。

日本法人甲社の100％上海子会社A社は，甲社グループの方針に基づき，その製造部門の資産・負債及び契約等（以下，「事業」という）を日本甲社の100％北京子会社B社へ譲渡しました。

譲渡対象となる事業には，96〜97頁の比較表の棚卸資産，生産設備及び無形資産のほか，取引先との契約や工場の従業員との雇用契約も含まれるため，A社は，「事業譲渡の増値税非課税」規定を適用しました。

しかし，中国の増値税暫定条例第1条の規定は，中国国内において，物品の販売又は加工，課税役務の提供及び貨物の輸入，無形資産あるいは不動産販売を行う団体及び個人は，増値税の納税義務者となるとしています。

よって，本件の場合，譲渡対象資産のうち，棚卸資産及び生産設備については譲渡金額の13％，無形資産については譲渡金額の6％の増値税率が適用課税されます。

一方で，「納税者の組織再編に関する増値税問題の公告」（国家税務総局公告2011年第13号，以下「13号公告」）の規定により，企業が合併，分割，譲渡，交換等の資産再編の一環として，その全部又は一部の実物資産及びそれに関連する債権，債務及び従業員を一体として他の企業又は個人に譲渡する場合には，当該取引は増値税の課税対象から除かれると定められています。すなわち，個別資産の譲渡ではなく，事業全体の譲渡であれば，増値税の課税対象外になります。

A社は，有形資産，無形資産だけではなく，製造部門に帰属する債権・債務及び人員を一括にしてB社に譲渡したため，上記13号公告に規定する要件を満たしているものと認識し，増値税を納付する必要はありません。

なお，A社は20X1年に購入した棚卸資産及び生産設備について，20X1年に仕入税額控除を受けたとしても，20X2年に事業譲渡収入として非課税申告をした場合は，20X1年に受けた控除済仕入れ税額を，売却した月の増値税申告書上，「転出税額」の欄に記入し，当該控除済税額のうち未経過分を納付しなければなりません。

結論からいうと，A社の事業譲渡取引は非課税取引に該当するものの，増値税を納付しないという意味ではありません。また，納付した増値税額をB社に転嫁することができず，「控除対象外増値税」として損金経理することになります。

───── コラム5 ───── なぜ増値税法ではなく，暫定条例なのか？ ─────

　「企業所得税法」や「個人所得税法」に対して，中国の増値税の根拠法令は「増値税暫定条例」となっています。また，2012年から2016年にかけて行われた「増値税改革」により，増値税の主な納税義務者や課税範囲，課税方法は財税 [2016] 36号及びその附件に規定されています。さらに，増値税の税率は財政部・税務総局・税関総署公告2019年第39号により改正されています。

　なぜ増値税は全人代が制定した法律ではなく，国務院が公布した条例及び財務部が公布した公告や通知で規定されるのでしょうか？

　それは主に増値税の理論体系がまだ完成されていないからだと著者は考えております。具体的には次のような事情がありそうです。

1　営業税の影響

　2016年以前の中国では，無形資産及び不動産の販売は増値税の課税対象ではなく，営業税の課税対象でした。また，製造業と緊密な関係にある加工・修理補修役務のみは増値税の課税対象であり，他の役務はすべて営業税の課税対象でした。

　営業税のすべての課税対象を増値税に変更する税法改正は，あまりにも影響が大きく，国の税収変動はもちろん，納税者もいきなり受け入れられるかどうかが問題となっていました。

　こうした影響を考慮して，中国政府は2012年1月から上海にて，同年9月から北京にて営業税と増値税の統合をパイロット試行し，その後江蘇省，安徽省，福建省，広東省などに適用範囲を拡大し，2016年5月に全国適用となりました。

　また，課税範囲も2012年の交通運送業や，郵政通信業，一部の現代サービス業を営業税から増値税に変更し，2013年に不動産販売業や日常生活役務業を追加し，2016年ようやくすべての役務は増値税の課税対象となり，営業税は廃止されました。

■増値税改革（役務等）の経緯

2016年全国
建設業，不動産業，金融業及び生活サービス業等を追加

2012年上海と北京
交通運送業，通信業，現代サービス業，無形資産の譲渡等を追加

増値税：加工，修理補修役務のみ

　つまり，加工，修理補修役務以外の課税役務は2012年から2016年にかけて，少しずつ増値税暫定条例の規定に付け加えられたものであり，しばらく併存していた営業税と区別をするために，従来の規定をそのまま残していました。無形資産と不動産の販売も同様の理由でいまだに物品と並列して記載されています。

2　間接税としての性質

　本来であれば，増値税は間接税であり，最終消費者が税金を負担し，間の製造者や販売者は税金を負担しない仕組みとなっています。しかし，これまでの中国には，増値税と営業税の2種類の税金があり，営業税は仕入税額が求められない，いわゆる販売者が負担する税金でした。また，中国の商品の対価の税金はすべて税込み表示となっているため，日本のように消費者は税金を負担する感覚は薄いです。

　よって，増値税に統一された現在に至っても，日常生活役務にかかる仕入税額控除は認められず，いわば中途半端な間接税となっています。

　特に，企業の輸出に対して，国の産業政策によって輸出還付率を制定，改正したりすることができるため，法律としての安定性は低いという指摘もあります。今後，全面的な仕入税額控除及び還付率の廃止が期待されます。

3　税率の調整

　2018年6月と2019年4月に，増値税の原則税率を17％から16％，そして16％から13％と2回も引き下げました。

　一方で前述のように，営業税から増値税に統一したあと，ほとんどの税率は上がっています。税金収入が以前より増えたことは明らかです。これは中国政府がたびたび宣伝していた大減税の方針と異なるため，今後も状況に応じて税率の調整があるかもしれません。

　増値税の税収は中国全体の税収の4割近くを占め，もっとも重要な税金です。しかし，現在の増値税暫定条例の条文はわずか50条であり，実施細則も100条しかありません。中国の立法権限及びプロセス等を定める「立法法」8条6項により，税種の新設，税率の確定及び税収徴収管理等の基本制度に関する事項は，法律によってのみ制定することができると規定されています。

　2022年12月30日，「中華人民共和国増値税法（草案）」（以下「草案」という）は全国人民代表大会常務委員会で審議されるとともに，パブリックコメントの募集が行われていました。草案は主に現行の「増値税暫定条例」及び関連法令の規定を集約，整理し，不一致の部分を見直しました。2023年4月24日時点では，増値税法の公布日は未定です。

4　税金計算

　増値税の納税義務者は，一般納税者と小規模納税者に区分され，それぞれ違う税額計算の方法が適用されます。

一般納税者	小規模納税者以外の納税者
小規模納税者	増値税の課税売上高が500万元（約8,500万円）以下の納税義務者（財税［2018］33号）

財税［2018］33号 財政部 税務総局关于统一增值税小规模纳税人标准的通知_税屋—第一时间传递财税政策法规！（shui5.cn）

(1)　小規模納税者の税額計算

　小規模納税者の増値税額は次の算式により計算されます。

$$納付税額＝課税売上高×3％$$

　中国の小規模納税者制度は日本の簡易課税制度に類似していますが，いったん一般納税者として登記した企業は，その後たとえ年間課税売上が500万元以下となっても，小規模納税者に変更することができない点においては，留意が必要です（増値税暫定条例第4，5条，財税［2016］36号）。

　小規模納税者の適用税率は3％であり，一見すると一般納税者の原則税率である13％に比較してはるかに低いですが，仕入税額控除を受けることができないため，原価率の高い企業にとって逆に不利になる可能性があります。

　また，2020年11月以前小規模納税者は自ら発票を発行することができず，顧客に商品を販売しても，発票を渡すことができませんでした。つまり，顧客は3％の増値税を支払っても仕入税額控除ができないため，増値税を支払いたくない顧客も少なくなかったようです。

　2020年2月1日から，小規模納税者は増値税発票管理システムを利用して，自主的に増値税専用発票を発行できるようになりました（国家税務総局公告2019年第33号）。

(2)　一般納納税者の税額計算

一般納税者は小規模納税者以外の納税者のことをいいます。

財税［2016］36号附件1第4条の規定により，年間課税売上高が500万元以下であっても，健全な会計システムがあり，正確な税務資料を提出できる納税者は，所轄税務機関にて登記を行い，一般納税者になることは可能です。ここでいう「健全な会計システム」とは，全国統一会計制度の規定に従って会計帳簿を作成し，合法的かつ有効な文書に基づいて会計処理を行うことを指します。

一般納税者の判断基準のイメージは下図のとおりです。

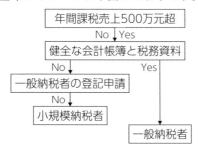

①　税額計算式

一般納税者の増値税額は次の算式により計算されます。

$$税額＝売上増値税額－仕入増値税額$$

中国は1994年から増値税発票制度，いわゆる「インボイス制」を導入しているため，実務上，発行した発票に記載されている売上増値税額及び取得した発票に記載されている仕入増値税額を集計して，毎月の税額を計算することができます。

②　仕入税額控除の概要

仕入増値税額には，売上税額から控除できるものとできないものがあります。具体的には次のとおりです。

●控除できるもの（増値税暫定条例第8条）

納税者が貨物，役務，無形資産又は不動産を購入する際に支払った，又は負担した増値税額は仕入税額になり，次に掲げる条件を満たす仕入税額を売上税額から控除することができる」と規定されています。

・　販売側から取得する増値税専用発票に明記されている増値税額

- ・ 税関から取得する納税証明に明記されている増値税額
- ・ 免税扱いとされる農産品の購入に際し，購入又は販売発票に記載された購入代金に9％を乗じて計算した税額
- ・ 国外の団体又は個人の提供する課税サービスを受領する場合には，税務局又は国内の代理人から取得した源泉徴収税額が完納された納税証明に明記された増値税額

●控除できないもの（増値税暫定条例10条，財税［2016］36号附件2二5，国家税務総局公告2019年第39号）

- ・ 簡易課税方式に係る仕入税額，増値税非課税項目，団体福利及び個人消費用（以下「免税項目」）のために購入した物品又は役務

  ここでいう個人消費は，納税者の接待交際のために支払ったものを含みます。また，専ら非課税項目に使用される不動産や無形資産を購入する場合，その仕入増値税は控除の対象になりません。

- ・ 非正常損失を受けた購入物品及び関連加工修理補修役務並びに交通運輸業サービス

  非正常損失とは，管理が行き届かないことによる商品の盗難，紛失，品質低下及び腐敗並びに法令違反による商品又は不動産の没収，破壊，取り壊しなどを指します（以下同じ）

- ・ 非正常損失を受けた仕掛品，製品に使用した購入物品（固定資産を含まない），加工修理補修役務並びに交通運輸業サービス
- ・ 非正常損失を受けた不動産及び当該不動産のために購入した物品，設計及び建築役務
- ・ 非正常損失を受けた建設仮勘定及び当該建設仮勘定のために購入した物品，設計及び建築役務
- ・ 購入した金銭貸付サービス，飲食サービス，日常生活サービス及び娯楽サービス
- ・ 財務部及び国家税務総局が規定するその他のもの

中国の増値税暫定条例には，増値税の仕入税額控除を受ける条件の1つとして，「取引は真実でなければならない」との規定があります。増値税の管理徴

収実務においては，商品又はサービスの流れ，資金の流れ，増値税専用発票の流れ（総称して「三流」）が真実でなければ，たとえ形式要件を満たした増値税専用発票を取得したとしても，仕入税額控除を受けることができません。

(3)　簡易徴収制度

　中国には日本の原則課税制度に相当する一般納税者制度と，簡易課税制度に相当する小規模納税者制度以外に「簡易徴収制度」があります。簡易徴収制度は特殊の業種又は特殊の取引に適用される簡単な課税方法であり，売上規模と関係なく，一般納税者及び小規模納税者のいずれも適用できます。

①　簡易徴収制度の税額計算

　簡易徴収制度に基づく増値税額は次の算式により計算されます（財税［2016］36号第34条，国家税務総局公告2014年第36号，財税［2009］9号，財税［2009］90号，財税［2014］57号）。

$$税額＝適用対象取引の課税売上※×徴収率$$

※売上金額が増値税込み金額である場合，原則の徴収率（一般納税者は4％，小規模納税者は3％）から税抜きの売上金額を逆算する必要があります。

②　小規模納税者と簡易徴収制度

　小規模納税者は，増値税発票発行機器の購入対価について，普通発票でも仕入税額控除を受けられます。

③　一般納税者と簡易徴収制度

　一般納税者は，次の取引において，簡易徴収制度の適用ができます。

分類	内　容	徴収率
物品販売	一般納税者が販売する自社生産した次に掲げる物品 1．県レベル以下の小水力発電装置で生産される電気。 2．建築のために使用される砂，土，石，及び建築材料の製造のために使用される砂，土，石。 3．自ら切り出した砂，土，石，その他の鉱物から連続的に生産されるレンガ，タイル，石灰（粘土固形レンガ，タイルを除く。	3％

	4．市販のコンクリート（セメントから製造されるセメントコンクリートに限る。） 5．微生物，微生物の代謝産物，動物毒素，ヒトまたは動物の血液又は組織から製造された生物製剤。 6．水道水。	
	一般納税者が販売する次に掲げる物品 1．商品の委託販売（居住者個人が委託販売するものを含む。） 2．死蔵品を販売する質屋。 3．希少疾病用医薬品，抗がん剤の製造・販売及び卸・小売。 4．専売血漿所による非臨床用ヒト血液の販売。 5．製薬会社による生物学的製剤の販売。 6．動物薬事業者による動物用生物学的製剤の販売。 7．2022年3月1日より，再生資源のリサイクルに従事する一般納税者は，取得した再生資源に対して，3％の税率の簡易徴収方式と一般課税方式を選択できます。	
建設・据付工事	1．2016年4月30日以前に開始するなど一定の要件を満たす建設工事 2．自社製機械設備を販売する場合，合わせて提供する一定の要件を満たす据付サービス。 3．購入した機械設備を販売する場合，合わせて提供する販売代金が明確に分離できる据付サービス等。	3％
有形資産リース	営業税の増値税への統一改革の実施以前に取得した有形動産を用いて行うオペレーティング・リースサービス。 営業税の増値税への統一改革の実施以前に締結された有形固定資産のリース契約で，まだ完了していないもの。	3％
その他サービス	1．公共交通機関サービス。 　フェリー，バス旅客輸送，地下鉄，シティライトレール，タクシー，長距離旅客輸送，シャトルバスを含む。 2．認定されたアニメーション企業が，領域内でアニメーション製品の開発及びアニメーション著作権の譲渡のために提供するサービス。 3．映画上映サービス，保管サービス，搬出入サービス，集配サービス，文化・スポーツサービス。 4．財産管理サービスを提供する納税者がサービス受給者から徴収する水道水料金。（水道料金のみ） 5．非学術的な教育サービスの提供，教育支援サービス。	3％

	6．一般納税者が非事業単位で行う研究開発・技術サービス，情報技術サービス，フォレンジックアドバイザリーサービス，技術や著作権などの無形資産の販売などの提供。 7．農業関連の金融サービスの提供。 8．一般納税者が徴収する営業税の増値税への統一改革の実施以前の高速道路の車両通行料	
不動産販売	1．2016年4月30日以前に取得した不動産の売却。 2．不動産開発企業が独自に開発した古い不動産プロジェクトの販売。 3．一般納税者である不動産開発企業が埋め立て方式により取得・開発した不動産プロジェクトのうち，工事開始日が2016年4月30日以前のもの 4．2016年4月30日以前に取得した不動産のリース。 5．一般納税者が2016年4月30日以前に締結した不動産のファイナンスリース契約，または2016年4月30日以前に取得した不動産で提供されるファイナンスリースサービス。 6．2016年4月30日以前に納税者が取得した土地使用権の譲渡。 7．一般納税者が徴収する営業税の増値税への統一改革の実施以前に開始された一次道路，二次道路，橋，ゲートの通行料。 8．2021年10月1日より，個人に住宅を賃貸している住宅賃貸企業： ⑴ 住宅を個人に賃貸する一般納税者：簡易課税方式を適用し，5％から1.5％を差し引いた賦課率でVATを支払うか，一般課税方式を適用してVATを計算し支払うかを選択することができます。 ⑵ 個人向け住宅賃貸の小規模納税者：5％から1.5％を差し引いた賦課率でVATを計算します。 ⑶ 上記の簡易課税方式を適用して個人に住宅を賃貸する住宅賃貸企業で，前払いを行う場合，1.5％の前払いの軽減税率でVATを納付します。	5％
アウトソーシング	1．一般納税者が労働者派遣サービスを提供し，差額課税を選択する。 2．一般的な納税者がセキュリティ保護サービスを提供し，差額課税を選択する。 3．一般的な納税者が人材アウトソーシングサービスを提供し，簡易課税を選択する。	5％

④　**適用要件**

　簡易徴収制度を適用する取引については，仕入税額控除が認められないだけではなく，増値税専用発票の発行もできません。逆に言えば，取引の相手側は増値税専用発票をもって仕入税額控除又は企業所得税法上の損金算入ができないため，簡易徴収制度の利用者は個人消費者又は増値税免税事業者であることが多いです。

　簡易徴収制度を適用するのに，所轄税務局にて申請する必要はありません。増値税申告書に条件を満たした適用対象取引の詳細情報を記載すれば，足りることになります。

そうだったのか7
仕入税額控除のできない出張費用！

　日本国内で出張する際，支払った新幹線代やホテル代，顧客接待をするための飲食代や交際費にかかる仕入消費税は，売上消費税から控除することができます。一方，中国では，出張費用のうち，多くの費用は仕入増値税控除の適用対象外となっています。

　財税［2016］36号附件2により，購入した金銭貸付サービス，飲食サービス，日常生活サービス及び娯楽サービスに係る増値税は，売上増値税から控除できないと規定されているからです。
　よって，新幹線及びタクシー代やホテル代について，増値税専用発票に記載されている仕入れ税額は控除の対象になりますが，飲食代や接待交際費については，原則普通発票しかもらうことができず，仕入税額控除を受けることができません。

　ただし，その後の改正により2020年から新幹線代やタクシー代など，顧客運送サービスの対価に係る仕入税額の控除も認められ，仕入税額控除の対象となりました。その背景には，2016年まで，加工，修理補修役務を除き，すべてのサービスは営業税の課税対象であったことがあります。営業税の税額は課税売上に税率をかけるだけで計算され，仕入税額控除の考えはありませんでした。増値税に統一された最初の数年間は，従来どおり，仕入税額控除なし，だったわけです。
　しかし，増値税も間接税である性質から，いつまで経っても最終消費者ではない生産者に負担させるのはおかしいということで，近年，仕入税額控除の範囲は少しずつ拡大されてきたのです。

コラム6　歴史がわかれば未来が予測できる
　　　　　―固定資産の仕入税額控除

　中国で新工場を建設する際，土地建物や生産設備を購入します。日本だと，多額な仕入消費税が発生するため，その全額を売上消費税から控除できるだけではなく，控除しきれないものはその課税年度に還付されることになります。
　一方，中国ではそういうわけにはいきません。それはなぜか？　固定資産に係る仕入れ税額の控除の歴史及び現状について説明します。

　中国では2008年12月31日までに購入した固定資産に係る仕入増値税は売上増値税から控除できず，固定資産の取得価格に算入しなければなりませんでした。その背景には，土地の購入や建物の建設は増値税の課税対象ではない（営業税の課税対象である）ことと，増値税の税収確保を目的とする政策的な目的があったと思われます。
　それではあまりにも流通税としての増値税の性質に合わないため，2008年実施された増値税改正により，2009年1月1日以降に購入する固定資産について，仕入税額控除は認められるようになりました（財税［2008］170号。ただし，あくまでも売上増値税から控除するのみであり，控除しきれない税額の還付はできません）。

　また，増値税改革の施行日から2019年3月末まで，納税者が取得した不動産及び建設仮勘定にかかる増値税額は，一括控除できず，2年に分けて仕入れ税額控除を受けなければならないと規定されていました（2019年4月から売上増値税から一括して控除することは認められるようになりました）。
　さらに2022年には，売上増値税から控除しきれない税額を還付する税制改正も行われていることから，今後日本と同様，固定資産を購入した課税年度において税金が還付されることも遠くないと予測されます。

本質を理解する―増値税還付の改正の行方

　日本と同様，中国の増値税額は売上増値税から仕入増値税を控除して計算されますが，仕入増値税額が売上増値税額より大きい場合，輸出売上に直接対応する仕入を除き，原則として還付されず，翌期以降に繰り越すことになります。

　しかし，課税売上が少ない中小企業，又は飲食業のような売上の増値税率（6％）が仕入税率（13％）より低い企業は控除するどころか，仮払増値税の残高がどんどん増えてしまいます。

　このような状況を改善するために，国家税務総局は2019年4月に「財政部・税務総局・税関総署公告2019年39号」を公布し，「仮払増値税の還付政策」を導入することを決定しました。

　その後，2022年3月には「財政部・税務総局公告2022年第14号」，同年4月には「財政部・税務総局公告2022年第17号」，同年5月に「財政部・税務総局公告2022年第19号」6月に「財政部・税務総局公告2022年21号」を立て続けに公布し，仮払増値税の還付範囲が拡大されています。

■仮払増値税還付政策

	2019年39号	2022年14号	2022年17号，19号	2022年21号
概要	前年より増加した仮払増値税を還付	適用対象企業の拡大及び還付比率の拡大	適用対象企業の再拡大	適用範囲の再々拡大
適用期間	2019年4月から	2022年4月から	2022年6月から	2022年7月から
適用条件	次の条件を満たす零細（小微）企業①2019年4月から連続6か月間仮払増値税額が増加し，かつ，6か月目の増加税額が50万人民元以上であること。②納税信用評価ランクがA級又はB級であること。③還付申請の36か月前までに，輸出税還付を騙し	適用対象を「製造業」，「科学研究及び技術サービス」，「電気，熱，ガス及び水の生産及び供給」，「ソフトウェア及び情報技術サービス」，「生態保護及び環境管理」及び「輸送，貯蔵及び郵便サービス」（以下「製造業等」）の零	条件を満たす製造業等（※）の中型，大型企業は，2022年6月から，所轄税務局に申請し，仮払増値税額を一括して還付を受けることができる	次に掲げる事業（以下，「卸売業等」という）を主たる事業とする企業まで適用対象の拡大①卸売業及び小売業②農業，林業，畜産業，漁業③宿泊飲食業④住民サービス，修理その他サービス業⑤教育業

111

	取ったり，発票の虚偽発行をしたりするなどの脱税行為がないこと。④還付申請前の36か月間，脱税により税務局から2回以上の処分を受けたことがないこと。⑤2019年4月1日以降，一括還付又は徴収後還付を享受していないこと。	細企業まで拡大し，還付率60%から100%に引き上げる		⑥衛生及び社会福祉業⑦文化，体育及び娯楽業
還付税額	増加仮払増値税額（※1）×控除割合（※2）×60%	60%→100%に引き上げ	同左	増値仮払増値税の還付仮払増値税残高の全額還付

※1　増加仮払増値税額＝申請対象期間の仮払増値税額－2019年3月31日の仮払増値税額

※2　控除割合＝$\dfrac{\text{申請対象期間の仕入控除対象増値税額}}{\text{申請対象期間の仮払増値税額}}$

※　製造業等とは，「製造業」，「科学研究及び技術サービス」，「電気，熱，ガス及び水の生産及び供給」，「ソフトウェア及び情報技術サービス」，「生態保護及び環境管理」及び「輸送，貯蔵及び郵便サービス」をいいます。

　上表のように，輸出売上がない企業でも，仮払増値税について翌期繰越しではなく，還付を受けられるようになりました。つまり，増値税の間接税としての性質をしっかり認識し，本来あるべき姿に近付けていく改正が行われています。今後日本の消費税のように全額還付もそれほど遠くないと思われます。

　一方，毎月還付申請をする企業が急増しても，地方財政がどれほどしっかり税金還付を実現できるかが気になるところです。

5　届出と申告納税

(1)　届出・登記

　日本では，消費税の届出は重要なテーマであり，実務上トラブルの一番多い事項でもあります。特に課税事業者を選択するための届出や，簡易課税を選択するための届出は，顧問税理士が損害賠償されることもあるほどセンシティブなものです。

　一方，中国では，小規模納税者や簡易徴収制度の利用については，あまり人気はありません。なぜかというと，税金が一般納税者と比較して安いかどうかが不明であることと，増値税専用発票が必要とすると顧客から取引を断られる可能性があるからです。

　両国の関連届出と登記を比較すると次のようになります。

対象者	項　目	日　本	中　国
新設法人等	名　称	消費税の新設法人に該当する旨の届出	増値税一般納税人登記表
	提出期限	速やかに	設立後30日以内
免　税	名　称	消費税の納税義務者でなくなった旨の届出	―
	提出期限	速やかに	
簡易課税	名　称	消費税簡易課税制度選択（2年継続）	小規模納税者選択の状況説明書
	提出期限	適用を受けようとする課税期間の初日の前日まで	設立後30日以内
原　則	名　称	消費税課税事業者届出	―
	提出期限	速やかに	
	名　称	消費税課税事業者選択届出	
	提出期限	速やかに	

増値税一般納税人登記管理办法（chinatax.gov.cn）

(2)　申告納税

　日本の消費税及び中国の増値税の課税期間及び申告期限は次のとおりです。

		日　本	中　国
課税期間	原則	個人：1月1日〜12月31日 法人：事業年度	1か月間 （個人・法人とも同じ）
	特例	3か月又は1か月	毎日，3日間，5日間，10日間，15日間
申告期限	原則	課税期間の終了の日から2か月以内	翌月15日以内
	特例	1月延長申請可	課税期間満了日から5日以内に予定納税し，翌月15日までに確定申告

　中国の増値税の納税義務発生時期は次のとおりです（増値税暫定条例第19条）。

① **商品の販売又は役務の提供**

・　収入代金を受領，又は収入代金取立証憑を取得した日

・　上記の日以前に発票を発行した場合には，発票を発行した日

② **物品の輸入：通関申告をした日**

　日本では，商品代金等を請求する際に，請求書を発行し，代金を収受した後に領収書を発行しますが，中国では異なります。中国の発票は請求書兼領収書の機能を持つため，商品を発送する際に，発票を同封することが一般的です。

(3) 外国法人に対する源泉徴収制度

　日本の消費税法では，国外事業者が行う事業者向け電気通信利用役務の提供及び特定役務の提供に関して，いわゆるリバースチャージ方式によって，役務の提供を受けた事業者に，消費税の申告納税義務が課されます（消費税法2条1項八の二・八の三・八の四，4条，5条1項）。

　一方，中国では，税収確保のため，外国法人又は外国籍個人に対して，増値税の源泉徴収義務者制度が設けられています。増値税暫定条例実施細則第34条により，中国に恒久的施設を有しない外国の団体又は個人が中国国内において課税役務を提供する場合，納税代理人は税金の源泉徴収義務者となります。納税代理人がない場合，当該役務対価の支払者は源泉徴収義務者となります。

　中国には，外貨規制制度があるため，海外に送金する際，納税証明を提示しないと送金ができません。したがって，実務上，源泉徴収制度は確実に実施されています。

そうだったのか8
発票主義に基づく二重帳簿は，合法なのか？

　日本法人の中国子会社が，2つの会計帳簿を作成する場合があります。1つは中国の税務局に提出するもの（以下，「税務用FS」という。FSはファイナンシャル・ステートメント（財務諸表）の略）であり，もう1つは日本親会社の連結会計のために作成されたもの（以下，「連結用FS」）です。

　その背景として，毎月中国の税務局に提出する財務諸表は，「発票」に基づいて売上及び費用を計上しなければならないため，日本親会社が適用する国際会計基準に合わないことが挙げられます。

　増値税専用発票に基づき作成された税務用FSは本当に会計上の発生主義に基づき作成されるFSとはと大きく異なるのでしょうか？

　そこで企業所得税法上の認識基準についても検討をしてみましょう。以下は，会計上，企業所得税法上と増値税法上の収益認識基準の比較です。

	会計基準	増値税	企業所得税
収益認識基準	発生主義	発票主義	発生主義
根拠法令	企業会計準則第14号	増値税暫定条例第19条	国税函［2008］875号
要件	1．商品の販売契約を締結し，商品の所有権に関する主なリスクと便益を買い手に移転すること。	代金又は代金取立証憑の受領日；	同左
	2．販売済の商品に対して，通常，所有権に関連する継続保管権を保留せず，かつ，実質的な支配も行わないこと。	ただし，発票発行日が早い場合は，発票発行日	同左
	3．収入金額が信頼性をもって測定できること。		同左
	4．関連する経済的便益が企業に流入する可能性が高いこと		―
	5．発生済あるいは将来発生する可能性のある原価が信頼性をもって測定できること。		同左

　著者は「中国子会社は2つの帳簿を作らなければならないのは本当ですか」と，日本の顧客から，しばしば質問されます。答えは当然「No」です。発票はあくまで増値税を対象とした税務徴収のための書類であり，会計・企業所得税の観点から発生主義により作成するFSを組み替えて，税務用FS（増値税申告用FS）を作成することを妨げるものではありません。

　実務上は，次の2つの手法で二重帳簿を回避することができます。

①　増値税FS＋連結及び納税調整

　税務局に提出する増値税のFSをベースに，発生主義に基づく会計上の修正（以下，「連結修正仕訳」）を加え，本社連結用FSを作成する方法です。当該連結修正仕訳についても，日本本社又は中国子会社の監査人の監査を受けます。

　また，事業年度終了後の翌年の5月31日までに提出する企業所得税の申告書上においても，増値税FS上の当期利益に加算又は減算すべき収益や費用を，日本の法人税申告書別表4のような「納税調整表」に記入し，正しい課税所得を算出することができます。

②　連結用FS＋増値税の申告

　中国で上場している企業，又は上場している日本本社の重要子会社となっている中国子会社は，四半期ごとに発生主義で財務諸表を作成し，決算発表をしなければなりません。

　この場合，財務諸表上の売上や仕入が増値税専用発票の金額と差異が生じることになります。売上については，発票が発行されていない場合でも，増値税のインターネット電子申告画面において「発票発行済み売上高」及び「発票未発売上高」を区分して入力できるため，増値税申告システム上，原則どおり発生主義にて処理することが可能です。仕入については，財務諸表上見積計上をしたうえで，仕入税額控除を受けずに，実際発票を取得した月に税額控除を受けることができます。

　「中国ではグレーな部分がないと商売が成り立たない」とよく言われますが，これは中国の商慣習やビジネス環境の変化を瞬時に察知し，的確に対応していく中国ローカル企業の一面を表した表現にすぎません。

　日系企業が，中国の商慣習にグレー部分があることを，不正が容認されていることと同視することは，極めて危険です。中国のビジネスにおいても，透明な会社経営及び厳密なコンプライアンス遵守は，不正を防止するための一番有効な策であると考えられています。

6　インボイス制と増値税発票

　日本では，2023年10月1日から消費税の仕入税額控除の方式としてインボイス制度が導入される予定です。インボイス制度とは「適格請求書保存方式」ともいい，所定の記載要件を満たした請求書などの「適格請求書」（以下「インボイス」という）を発行又は保存することにより，消費税の仕入税額控除を受けることが可能になる制度です。

　2023年10月1日からインボイスを発行するために，2021年10月1日から2023年3月31日までに所轄税務署に「適格請求書発行事業者」になるための登録申請をする必要があります（令和4年度税制改正あり）。

　一方，中国では，すでに1994年から発票制度，いわゆるインボイス制度が採用されています。2020年には，すべての発票が電子化されました。さらに発票の記載情報をAIに集計・分析させたうえで，税務調査対象の抽出や脱税行為の摘発などにも使用されてきました。以下では中国の発票制度の歴史及び概要並びにITシステムについて説明します。

(1)　発票の沿革

　中国の発票の歴史は1994年にまで遡ります。当時は，コンピュータが今ほど普及していなかったため，税務局から発票の用紙を購入し，納税義務者自ら手書きでインボイスを発行していました。

　2003年以降，税務局は全国的に本格的な金税システム（中国語「金税系統」。中国の税務機関の情報を一元化するためのシステムであり，税務局官製の専用発票の偽造防止ステムでもあります）を導入し，発票の発行作業を電子化し，手書きの発票は禁止されました（なお，2003年から10年以上にわたって，増値税収入の増加率は，同時期のGDP成長率より上回っていました）。

　2005年以降偽造防止管理システムも導入されました。納税義務者は税務局から専用の発票発行機を購入し，自社で発票を発行することが一般的になりました。

　2012年から2017年にかけては，インターネットの普及により，専用機は汎用

パソコンに代替され，各種商品，サービスの発票のフォーマットが徐々に統一されました。特に，2012年から2016年にかけて行われた増値税改革（営業税と増値税の統一）により，増値税発票の使用範囲が一気に拡大しました。

　現在の金税システムで発行される発票には，「課税貨物名又は課税役務の内容」の欄に，商品・サービスの税分類コードに対応する略語や，取引相手の番号に対応する社名が自動的に表示・印刷されるようになり，利便性がますます高まっています。

(2)　発票の管理

　中国の発票は税務局によって統一管理されています。企業は税務局から増値税発票を購入し，金税システムに期日，番号，販売者の識別番号及び購入者の識別番号，取引金額及び増値税額を入力します。金税システムは，これらの情報を暗号化し，偽造防止用の発票を出力します。

　増値税の納税義務者が課税貨物を購入したり，課税役務を受けたりする場合，販売側に増値税専用発票を発行させ，当該発票をもって増値税の仕入税額控除を受けます。一方，飲食サービスや旅客運送サービスなどの増値税仕入税額控除が認められないものについては，増値税発票ではなく，増値税普通発票しか発行できません。

　下表のとおり，増値税専用発票は3枚又は4枚綴りであるのに対して，増値税普通発票は2枚綴りです。

	増値税専用発票	増値税普通発票
1枚目	販売者記帳用	販売者記帳用
2枚目	購入者認証用	購入者記帳用
3枚目	購入者記帳用	NA
4枚目	販売者保管用	NA

　ここで留意して頂きたいのは，増値税普通発票をもらっても，増値税の仕入税額控除ができない点です。例えば，個人消費者のような増値税の納税義務者ではない者又は小規模納税者は，課税貨物を購入しても，増値税専用発票をもらえません。また，レストランやホテルなどの生活サービスなどを提供する企業は，増値税専用発票ではなく，増値税普通発票しか発行できません。なぜか

というと，生活サービスはもともと仕入税額控除制度のない営業税の課税対象から，増値税改革により増値税の課税対象になったわけで，従来の課税貨物と修理役務のような仕入税額控除は認められていないからです。

コラム8　発票の認証

　増値税発票の管理手段として，発票の認証制度がありました。増値税の納税義務者が増値税専用発票を取得する場合，その取得した日から180日以内に税務局にて2枚目の発票の認証手続き（発票認証）を受けなければ，仕入税額控除を受けられませんでした。

　発票認証とは，税務局にて発票に記載されている情報を識別・確認する作業です。最近まで，納税義務者は取得した増値税専用発票を，毎月税務局ロビーに持参し，設置されている専用機械で認証を受けなければなりませんでした。認証を受ける企業が多い場合，又は認証すべき発票の量が多い時に，財務担当者は一日中税務局で列を並べて作業をしなければならないこともありました。

　近年，金税システム，特に金税開票システムの機能が発達したため，2020年3月1日以後，納税義務者による発票認証の手続きは不要となりました。

---

(3)　ITシステム

①　金税システムの沿革

　2021年8月以降に使用されている金税四期は，金税工程四期の略称であり，金税システムのバージョン4となっています。金税一期は1994年の流通税改革でインボイス方式の増値税導入後，試験的にスタートされましたが，1996年に偽造増値税発票の横行により挫折しました。

　金税二期は1999年頃，税務局と繋がる専用機械を使って「増値税発票」の管理を行うために開発されました。それ以降10万元以上の売上のある企業は手書による発票の発行は禁止されました。2016年，増値税改革が全国範囲で適用された年に，金税三期が誕生しました。金税三期は今までの一期と二期と大きく異なり，電子申告・納税だけではなく，ビックデータの使用が可能になりました。

　2021年8月に正式にリリースされたのが金税四期です。金税四期は主に金税

三期の上に機能を追加したものであり，税務局・銀行及び法務局のシステム連携を通して，真のビックデータを活用した税金管理徴収ができるようになったと言われています。

　金税四期に続き，これから金税五期，金税六期など，さらにバージョンアップされ，税務機関の税収管理のためにより強化されていくはずです。特にキャッシュレス決済が当たり前の中国では，納税義務者は税務局の前では，ほぼ「丸裸」にされているとも言えるでしょう。

②　金税開票システム

「金税開票システム」は金税システムの中の一番重要な機能です。上述のとおり，金税一期と二期は偽造のできない発票を発行するためだけに開発されたと言っても過言でありません。20世紀の中国では，多くの取引は銀行決済ではなく，現金で行われていたため，支払証憑であるインボイスの管理を強化することで，増値税の税収を確保していました。

　中国では，新設企業は所轄税務局にて税務登記を行った後，増値税の原則課税の認定を受ければ，増値税専用発票の印刷用紙を購入することができます。企業が増値税専用発票を発行するためには，「金税盤」又は「税控盤」と呼ばれる金税カード，ICカードを購入し，USB又はカードリーダーを通してその企業のパソコンと繋いで，「金税開票システム」をダウンロードする必要があります。

　上図の白い左側の電子機器（白色）が金税盤，黒い右側の電子機器（黒色）が税控盤です。いずれも税務機関が許可した機器であり，企業はいずれかを選択して購入することができます。「金税開票システム」を使用するには，企業の納税番号やパスワード等を入力する必要があります。

　また，支店や営業所など，多くの拠点で発票の発行・印刷が必要となる企業
は，発行機の場所及び数量をあらかじめ設定することができます。
　増値税専用発票の様式及び入力情報は決まっていて，主な入力情報には次の
ものがあります。

購入者情報	課税貨物又はサービスを購入する者の名称，納税番号，本店所在地及び電話，開設銀行及び口座番号。
暗　号	発票の偽造を防止するためにシステムが自動的に生成する84桁の数字，文字及び符号。
課税貨物とサービスの名称	納税義務者が販売する貨物や提供する役務の内容，名称，数量，単価，税率及び金額。 最近では，貨物と役務の内容名称が，あらかじめ設定されたコードを選択するだけで表示されるようになりました。
販売者情報	課税貨物又はサービスを販売する者の名称，納税番号，本店所在地及び電話，開設銀行及び口座番号。
備　考	補足する情報がある場合のみ使用。

　上記の情報以外に，発票発行者の氏名，レビューアーの氏名及び代金受取担
当者の氏名を入力しなければなりません。最後に，販売者の専用印鑑である
「発票専用章」を捺印すれば，発行は完了となります。
　中国の増値税課税期間は原則月次となっているため，翌月15日までに，企業
の経理担当者は「金税開票システム」によって発票データを集計し，認証され
た仕入増値税専用の情報を反映させた増値税申告書を作成し，税務局に電子申
告しなければなりません。
　「金税開票システム」は金税システムの中の最も重要な機能を担っており，
金税一期（1994年）と二期（1999年）のシステムは，偽造のできない発票を発
行するためだけに開発されたと言っても過言でありません。
　近年，納税義務者にとって，機能の使いやすさや利用端末の柔軟性が，次第
に考慮されるようになりましたが，そもそも金税システムは納税義務者の申告
の便宜を図るために導入されたものではなく，税務局の管理徴収とデータ統計
のためのものであったのです。

③　電子税務局

　以前から増値税の申告や各種手続きは金税システムにて完結することはできましたが，企業所得税や個人所得税，印紙税などの申告は各レベルの税務機関の専用申告サイト又は指定用紙に情報を入力し，所轄税務局の「税務事務ロビー」に提出していました。そのために，各企業の税務事務を担当する専門の管理職員（以下，「専管員」という）が配属され，専管員の業務レベルの差や，担当所管企業との癒着が問題となっていました。

　近年，インターネットの普及及びIT技術の進歩，特に新型コロナの影響により，インターネット上ですべての税務事務を行うニーズが高まりました。そこで，国家税務総局は各級税務局に対して，2018年末までに増値税専用発票の購入及び発行や，税務申告書の作成及び税金納付だけではなく，納税信用の評価や税務証明書の発行など，あらゆる税務サービスをインターネット上で行えるよう要請しました。

　これが「電子税務局」と呼ばれている電子申告システムであり，いわゆるe-Taxです。「電子税務局」は，納税義務者が電子申告をするためのソフトウェアとして，金税システムの1つの機能と考えることもできます。

　「電子税務局」は「金税開票システム」と違って，「金税盤」のような外付けの専用電子機器を購入する必要もなく，専門知識と実務経験がなくても簡単に使用することができます。これは行政サービスというよりも，無申告を減らし，税収収入を増やすための工夫だったと考えられます。

　また，日本と違って中国では，民間企業が税務申告用のソフトウェアを開発し，直接企業に販売することはできず，税理士に依頼して申告書を作成させる商慣習もないため，電子税務局は，納税義務者が唯一使用できる申告用のソフトウェアとなっています。

　企業担当者は，次頁の図のように，まず金税システムにアクセスし，メニューバーのアイコンから自分に必要なメニューを選び，税務申告や行政サービスを受けることができます。

電子税務局の画面イメージ

我的信息　**我要办税**　我要査询　互动中心　公众服务

綜合信息报告　発票使用　税費申报及缴納　税収减免　証明开具

税务行政许可　核定管理　一般退（抵）税…　出口退税管理　増値税抵扣凭…

纳税信用　涉税专业服务机…　法律追责与救济…　其他服务事项

　2016年に開発された金税三期システムのビッグデータは，このような発票品目の差異を自動的に発見し，システムから警告を出す機能を備えているため，これ以降このような発票の虚偽発行行為は容易に摘発されることとなりました。

　これに関して最近，深圳国税局が「スマート調査2.0」を利用した調査案件は印象的です。

　2021年２月，深圳国税局はある巨額増値税発票虚偽発行の脱税の摘発に成功しました。脱税容疑者は，自分が実質コントロールをしていた580社のペーパーカンパニーを利用して，３万７千枚以上の架空発票を発行し，その発票金額は2.3億元（約40億円）に上っていました。

　調査官は疑わしい発票を発行した会社を調べた結果，実質支配者が同じ人であることと，社会保険加入従業員はほとんどいないことから，発票を発行するために設立されたペーパーカンパニーであると判断しました。

　この税務調査では，「スマート調査2.0」は，増値税発票の記載する商品やサービスの内容が，会社の経営範囲や本店所在地の規模と乖離していることを発見し，その分析結果を調査官にフィードバックしたと推測されます。

(4)　罰則等

　中国全体の税収の４割近く占めている重要な税目である増値税にとって，発票は増値税の管理徴収上最も重要な証憑になります。増値税専用発票に関する

法令等に違反した場合には，次に掲げる罰則が課されることになります。

①　納税信用ランクの引下げ

中国には，税務局が毎年4月に，その管轄地域の企業の納税信用のランクを評価する，いわゆる「納税信用制度」があります。納税信用ランクはA，B，M，C，Dの五等級に分けられ，各等級に応じて奨励又は処罰規定が設けられています。原則100点満点とし，納税義務者及び源泉徴収義務者の申告納税・源泉徴収の状況に応じて，違反があれば，減点又は直接判定されます。

そのうち，発票及び電子申告機器に関する控除点数基準及び直接判定の規定は下表のとおりです。

一級指標	二級指標	三級指標	控除点数基準	直接判定
03. 発票及び電子申告機器情報	0301. 発票の発行, 取得, 保管, 回収廃棄, 報告	030101. 発票を発行すべきだが, 発行しなかった場合；030102. 電子機器を使用して発票を発行する際, 規定どおり発票のデータを保存, 提出しなかった場合（回数ごとに計算）	5点	
		030103. 規定どおり発票を発行しなかった場合；030104. 紙の発票に発票専用章を押さなかった場合；030105. 規定どおり紙の発票を保管せず, 発票を棄損・紛失した場合；030106. 規定どおり発票を回収廃棄しなかった場合；030107. 規定どおり税務機関に発票の使用状況を報告しなかった場合；030108. 国境又は使用地域を超えて紙の空白発票を携帯, 郵送, 運送した場合（回数ごとに計算）	3点	
		030109. 許可を得ずに発票を棄損した場合（回数ごとに計算）	11点	
		030110. 増値税専用発票を虚偽発行し, 又は故意に虚偽発行の増値税専用発票を収受した場合；030111. 違法の発票代理発	—	直接Dと判定

		行；030112. 発票の無許可印刷，偽造，改変;発票偽造防止用品の違法製造，発票監制印の偽造；030113. 発票，発票監制印及び発票偽造防止用品の転借，譲渡又は他人への紹介；030114. 発票の無許可印刷，偽造，改変，不法入手又は廃止を知った，又は知るべきだが，当該発票を受領，発行，保管，携帯，郵送又は輸送した場合；030115. 増値税専用発票の管理規定に違反し，又は発票管理規定に違反し，他の団体又は個人による税金の不納付，過少納付，不正還付をさせる結果となった場合		
	0302.電子申告器具のインストール，使用，保管	030201. 税務機関の要求に基づき電子申告器具をインストール，使用しなかった場合；030202.規定に基づき増値税電子申告システムの変更発行を申請しなかった場合	3点	
		030203. 電子申告器具を損害，無許可改造した場合	11点	
		030204. 規定に基づき専用設備を保管しなかったため紛失した場合（回数ごとに計算）	1点	

　D級判定をされた企業は，会社名及び責任者が公表され，かつ，増値税発票などの購入制限，輸出還付の審査強化，税務調査頻度の増加だけではなく，関係政府や金融機関に融資，入札，各種ライセンス取得等を制限又は禁止される可能性があります。

②　罰金と刑事責任

　税務調査により，過少申告又は無申告等が確認された場合，企業は本税金額の50％から500％に相当する罰金，及び年率18.25％％の延滞税を納付しなければなりません。脱税金額によっては，虚偽発行責任企業の関係者に対して刑事責任が追及されることもあり，その場合には，最長10年間の有期懲役が科されます。

7　クロス・ボーダー取引と増値税

　実務上，中国子会社が日本親会社に貨物を輸出する場合，増値税の還付申請の還付率があることをご存知でしょうか？

　事前に税関に申請すれば，日本親会社から輸入する材料と部品は免税の優遇を受けられます。ここで，日中クロス・ボーダー取引に関する増値税の概要及び実務対応を説明します。

(1)　国内外判定

　増値税は中国国内において行われた資産の譲渡や貸付及び役務提供に対して課税します。したがって，国をまたがった資産の譲渡又は役務の提供（以下「取引」という）を行う場合，当該取引が中国国内において行われたかどうかの判定（以下「国内外判定」という）が必要です。

　日本の消費税と中国の増値税の国内外判定の比較は下表のとおりです。

	日　本	中　国 増値税暫定条例実施細則第8条， 財税［2016］36号第12，13条
資産の譲渡	1．資産の所在地 （詳細省略）	1．有形動産：物品の運送起点または物品の所在地 2．不動産又は自然資源：不動産又は自然資源の所在地 3．無形資産：販売者又は購入者の所在地
役務の提供	2．役務の提供地（令6②） ①　国際運送：出発地もしくは発送地又は到着地 ②　国際通信：発信地又は受信地 ③　国際郵便：差出地又は配達地 ④　保険：契約締結に係る事務所の所在地 ⑤　生産設備等の建設等に関する役務：建設資材の調達場所	1．加工・修理補修：役務の発生地 2．不動産リース：不動産の所在地 3．その他役務：提供者又は受領者の所在地

⑥ 金銭貸付：貸付事務所の所在地 ⑦ 提供場所不明：提供者事務所所在地	

　日本と中国をまたがる役務について，特に提供場所が不明な場合，日本の消費税では，提供者の事務所所在地で判定されるのに対して，中国の増値税では，提供者又は受領者の所在地のいずれかが中国にあれば，中国国内取引に該当します。

　また，日本では，電気通信回線（インターネット等）を介して国内の事業者・消費者に対して行われる電子書籍の配信等を通じた役務の提供（「電気通信利用役務の提供」）については，国外から行われるものも，国内取引として消費税が課税されることになりました。

　一方，中国には類似の制度はありません。なぜかというと，課税対象取引の国内外判定の基準に違いがあるからです。中国の増値税法の規定では，役務の提供者又は受領者のいずれか一方の所在地が中国にあれば，増値税の課税対象となります。電気通信利用役務の提供に限らず，国をまたがる役務提供はすべて同様に扱われます。

　しかし，「提供者と受領者のいずれかが中国にいれば課税する」という厳しい基準では，二重課税をもたらしてしまう可能性もあります。例えば，日本法人が中国法人に対してコンサルティングサービスを提供する場合，当該サービスの提供場所は日本と中国の２か国になりますが，提供者である日本法人の事務所所在地で判断され，日本の国内取引となります。一方，中国においては，役務の受領者が中国にあるため，中国の国内取引にも該当します。つまり，日本と中国両方で税金が課税されるリスクがあります。

　ただし，この判断基準だと，日本法人が中国法人の職員に対して，日本における研修を行うような，明らかに海外においてサービスを享受している場合も増値税の課税対象に含まれてしまうため，財税［2016］36号は次に掲げる４種類の役務を国外取引とする規定を設けました。

① 国外の団体又は個人が国内の団体又は個人に，完全に海外で発生する役務を提供する場合

② 国外の団体又は個人が国内の団体又は個人に，完全に海外で使用する無形資産を譲渡する場合

③ 国外の団体又は個人が国内の団体又は個人に，完全に海外で使用する有形動産を譲渡する場合

④ 財政部及び国家税務総局の規定するその他の場合

　また，下記の国外で発生するサービスについては増値税率が免除されます（財税［2016］36号附件4）。

① 工事プロジェクトが国外にある建築サービス

② 工事プロジェクトが国外にある工程監理サービス

③ 工事，鉱物資源が国外にある工事監察調査サービス

④ 会議展覧地が国外にある会議展覧サービス

⑤ 保管地が国外にある倉庫保管サービス

⑥ 目的物が国外で使用される有形動産のリースサービス

⑦ 国外で提供されるラジオ，映画，テレビ番組（作品）の放映サービス

⑧ 国外で提供される文化，体育サービス，教育，医療及び旅行サービス

(2) 輸出免税

　日本では，消費税の納税義務者が貨物を外国に輸出したり，外国法人に対して国内において役務提供をしたりする場合は，国内取引に該当するものの，輸出免税の対象になります。

　中国でも，貨物を海外に輸出する場合，輸出免税（中国語では「ゼロ税率」という）の対象となります。しかし，役務提供については，「ゼロ税率」を適用する取引と，「免税」を適用する取引に分けられます。

　ゼロ税率とは，売上に係る税率をゼロとして，仕入に係る増値税額の控除を認めるものであり，日本の消費税の輸出免税に相当します。免税とは，取引自体を増値税の対象から除いたうえで，それに対応する仕入に係る増値税額の控除を認めない取扱いであり，日本の消費税の非課税に類似します。

免　税	ゼロ税率
(1)　下記サービス（ゼロ税率適用を除く）	(1)　国際運輸サービス
①　国外にあるプロジェクトの建築サービス	①　中国国内において乗客を搭乗させ，又は貨物を運び込んで外国へ出港すること
②　国外にあるプロジェクトの工程監督管理サービス	②　外国において乗客を搭乗させ，又は貨物を運び込んで中国へ入港すること
③　国外にある工事，鉱山資源に対する鉱山探検サービス	③　外国において乗客を搭乗させ，又は貨物を運び込むこと
④　国外にある会議場・展覧会場における展覧会サービス	
⑤　国外にある倉庫における倉庫サービス	(2)　航空運輸サービス
⑥　国外使用が前提となる有形動産のリースサービス	(3)　外国法人等に対し提供する，完全に国外において消費される下記サービス
⑦　国外におけるテレビラジオ放送・放映サービス	①　研究開発サービス
⑧　国外で提供する文化体育サービス・教育医療サービス・観光サービス	②　契約エネルギー管理サービス
	③　設計サービス
(2)　輸出貨物のために提供される郵政サービス，配送サービス，保険サービス	④　テレビラジオ放送，映画の制作・配給サービス
	⑤　ソフトウェアサービス
	⑥　電路の設計及び測定サービス
(3)　外国法人に提供し，完全に国外において消費される下記サービスと無形資産	⑦　情報システムサービス
①　電信サービス	⑧　業務フロー管理サービス
②　知的財産権サービス	⑨　オフショアアウトソーシングサービス※
③　物流補助サービス（倉庫サービス・集配サービスを除く）	⑩　技術の譲渡
④　鑑定コンサルティングサービス	※オフショアアウトソーシングサービスには，情報技術アウトソーシングサービス（IPO），技術性業務フローアウトソーシングサービス（BPO）及び技術性知識フローアウトソーシングサービス（KPO）が含まれます。その詳細な業務内容については，36号文付属文書その1「営改増パイロットプログラム実施弁法」の付属注釈に定められたものを参照してください。
⑤　専門技術サービス	
⑥　商務補助サービス	
⑦　国外放送の広告サービス	
⑧　無形資産	
(4)　外注方式による国際運送サービス	
(5)　外国法人等に提供する金融管理業務サービス	(4)　財政部と国家税務総局の規定するその他サービス
(6)　財政部と国家税務総局の規定するその他サービス	

　前頁の表にある「完全に国外において消費される」とは，実際にサービスの
提供を受ける者が国外に所在し，又は無形資産がすべて国外で使用され，かつ，
国内の貨物及び不動産と関係がないことを指します。2012年増値税改革の実施
当初，ゼロ税率又は免税を適用するのに，所轄税務局にて事前に申請手続きを
行う必要がありました。その際，所轄税務局は対象役務の"最終消費地"が外国
であるかどうかを厳しく審査します。

　例えば，日本の親会社から設計業務の委託を受ける場合，作成した設計図が
最終的に中国の関連会社で製品化されていると，国内販売とみなされ，ゼロ税
率の適用は認められませんでした。近年，実務上，事前申請は不要となりまし
たが，税務調査の時に指摘されるリスクは依然として残っています。

　中国の規定と比較して，日本の消費税においては，契約や代金の支払先が外
国法人であれば，輸出免税に該当する規定は悪用されやすいともいえるので
しょう。

(3) 輸出還付

　日本では，海外で消費される「輸出取引」等では消費税は免除されますが，
輸出のために仕入れた商品代等（課税仕入れ）には消費税が含まれています。
そのため輸出企業（実際の輸出者）は，確定申告をすることで仕入れ時に支
払った消費税額の還付を受けることができます。

　一方，中国においては，輸出企業の業種，輸出取引の種類に応じて，3種類
の増値税申告方法（以下，輸出還付制度という）が適用されます。また，輸出
品目によって，増値税率と異なる「輸出還付率」が設けられています。

還付制度	A「免・抵・退」	B「退税」	C「不退税」
適用対象	製造業が行う下記の取引 ・輸出取引（還付税率が0％のものを除く） ・進料加工取引※1	卸売業が行う取引	製造業が行う下記の取引 ・深加工結転取引（俗称「転廠」※1） ・来料加工取引※1

概要	免：輸出売上免税 抵：課税仕入にかかる増値税を他の国内販売にかかる売上税額から控除 退：上記控除しきれない増値税を還付	免：輸出売上免税 退：課税仕入にかかる増値税を還付	免：輸出売上免税 不退：課税仕入にかかる増値税を還付しない
還付税額の計算	下記の①と②のうち，いずれか少ない金額 ①未払増値税※2＝仕入増値税額－売上増値税額－製品輸出FOB価格※3×（増値税率－還付税率） ②還付限度額＝輸出FOB価格×還付税率	仕入金額×還付税率	N/A

※1：進料加工，転廠及び来料加工は，下記(4)委託加工貿易を参照してください。
※2：①の金額がマイナスの場合は還付税額，プラスの場合は納付税額を意味します。
※3：進料加工取引の場合，保税材料の輸入金額を輸出FOB価格から控除します。②において同様です。

　日本では，製品を輸出しているすべての企業は，支払った消費税の還付を受けることができますが，中国では，還付率が増値税率より低い場合，一部の増値税は還付されません。

　例えば，中国で材料100を購入し，13％の増値税を支払い，その後，加工した後の製品を日本に200で輸出し，還付率が10％と仮定した企業の場合，還付増値税額は下記の①と②のいずれか少ない金額となります。

①　$13 - 0 - 200 \times (13\% - 10\%) = 7$

②　$200 \times 10\% = 20$

　よって，還付税額は7と20のいずれか少ないほうの7となります。つまり，企業が支払った増値税13のうち，7は還付されますが，還付されない3％の税金6は「控除対象外増値税」として売上原価に振り替えられることになります。

　ここで，不思議に思うのは，還付されない税金は材料仕入対価の100の3％ではなく，製品売上対価の3％となっているところです。これは，製品売上と材料仕入の差額である付加価値は中国で創造され，その付加価値にかかる増値税の一部も還付されないことを意味します。

　なぜ増値税率と異なる還付率を設けるのでしょうか？

　それは中国政府が個別製品の還付税率を規定することによって，中国からの製品輸出市場構造を調整するからです。近年，投入額が高く，資源消耗度が高く，汚染度が高く，付加価値の低い製品，いわゆる「三高一低」製品の輸出を抑制するため，「還付税率の引き下げ」，「輸出還付の取消」を実施してきました。さらに，輸出還付が取り消された製品に使用される材料等は，委託加工貿易の禁止品目に追加される傾向があります。

　また，アメリカ政府からドルに対する人民元の切り上げの圧力が大きければ，増値税還付率は下がるとも言われています。人民元の切り上げは，輸出企業のみならず，金融市場を含む大きな範囲で中国経済に影響を与えてしまいます。

　よって，貿易黒字の対応策として，人民元切り上げの代わりに，増値税の輸出還付税率を下げることや輸出還付の取消しも有効的手法です。主な製造原価を人民元で支払い，米ドルで輸出する中国の輸出メーカーにとって，還付されない増値税が増加すると，利益が圧縮されてしまいます。つまり，輸出還付制度の適度な改正は人民元の切り上げ圧力を緩和する効果が得られるのです。

(4)　委託加工貿易（保税取引）

　進料加工取引，来料加工取引及び転廠取引は，中国企業が海外から保税で材料等を輸入し，加工又は組立を行った後の製品を海外に輸出する，いわゆる「委託加工貿易」と呼ばれる取引です。そのうち，進料加工取引が有償で材料を購入し，輸出に伴う製品代金を収受するのに対して，来料加工取引は，材料等が無償で供給されるため，加工賃のみ受取る取引形態となっています。

　一方，転廠取引は，保税で輸入した材料を加工又は組立した製品を輸出せずに，同じく委託加工貿易の許可を持つ別の中国国内企業に販売し，その中国国内企業を通じて間接的に輸出する取引です。

　本来であれば，材料を海外から輸入する際，関税及び増値税を支払わなければなりませんが，委託加工貿易の場合には，税関の認可を得れば，材料を輸入する際の関税及び増値税は免除されます。

　ここで，具体的な数値を使いながら，普通の輸出入（以下，一般貿易という），進料加工，来料加工及び転廠の付加価値利益（売上－原材料）を比較し

てみます。

＜前　提＞

中国法人Ａ社は，一般貿易，進料加工，転廠及び来料加工取引を同時に行っています。一般貿易売上，進料加工売上及び転廠売上はそれぞれ400，来料加工賃は300とします。また各種製品に使用される原材料として，海外から輸入するものは100，中国国内で調達するものは100とします。材料の輸入関税率は10％，製品の輸出還付税率は10％と仮定します。

■各種取引の比較

区　分		一般貿易	進料加工	転廠	来料加工
売上高		400	400	400	300
材料費					
A	国内原材料	100	100	100	100
B	仮払増値税（税率13％）	13	13	13	13
C	輸入原材料	100	100	100	0 [注1]
D	仮払増値税	13	0	0	0
E	関税	10 [※1]	0	0	0
F	不還付増値税（還付率10％）	12 [※2]	9 [※3]	13 [※4]	13 [※4]
材料費小計（A＋C＋F）		212	209	213	113
付加価値（売上－材料費）		188	191	187	187
（付加価値率）		47.70％	47.75％	46.75％	62.33％

※１：一般貿易の場合，材料の輸入に伴う関税10は材料費に加算されます。進料加工，転廠及び来料加工の場合，関税は免除されます。

※２：400（輸出FOB価額）×（13％－10％）＝12

※３：（400（輸出FOB価額）－100（進料加工輸入材料価額））×（13％－10％）＝9

※４：転廠及び来料加工の場合，「不退税」が適用され，国内仕入にかかる増値税13は還付されない。

　上記のように，進料加工の付加価値額は191であり，その次に転廠及び来料加工の付加価値は187となっています。一般貿易の付加価値金額は188となりま

す。なぜ販売価額及び材料仕入金額は同額にもかかわらず，付加価値額はこれほど違うのでしょうか？

　委託加工貿易の場合，輸入材料にかかる関税10％が免除されることは，利益に大きく貢献しています。ただし，同じく関税が免除される転廠と来料加工取引においては，国内支払増値税が還付されないため，進料加工と比較して，還付されない分，付加価値は低下してしまいます。

──── コラム9　リバースチャージ方式と源泉徴収制度の違い ────

　ここで事例を挙げて，中国の増値税の源泉徴収制度と，日本のリバースチャージ方式について整理します。

　日本法人甲社及びその中国子会社乙社が，米国法人Ａ社からERPソフトを購入し，それぞれＡ社に100万円の使用料を支払うケースについて考えてみます。

1　甲社の処理

　本事例のような「顧客に，クラウド上のソフトウエアやデータベースを利用させるサービス」は消費税法上の「電気通信利用役務の提供」に該当します。よって，役務の提供を受けた事業者である甲社はリバースチャージ方式によって，消費税を申告・納税しなければなりません。また，その納付した消費税は仕入税額として，売上にかかる消費税から控除することができます。

　甲社の会計仕訳は下記のとおりになります。

借　方		貸　方	
使用料	100万円	現預金	100万円
仮払消費税※	10万円	仮受消費税	10万円

※　仕入税額として，仮受消費税から控除できます。

2　乙社の処理

　中国の増値税暫定条例の規定により，米国法人Ａ社に使用料を支払う乙社は，増値税を源泉徴収したうえで，税務局に納付しなければなりません。税務局は，納税義務者のＡ社に代わり，使用料の支払者である乙社に対して増値税専用発票を発行します。乙社はその発票に記載されている仕入増値税額を売上増値税から控除することができます。

乙社の会計仕訳は下記のとおりになります。

借　方		貸　方	
管理費用－使用料	100万円	現預金	100万円
未払税金－仕入増値税	6万円	未払税金－預かり消費税	6万円

3　比　較

　上記事例のように，甲社と乙社は使用料に対する税金を税務局に支払ったあと，売上にかかる税金から控除することによって，原則余分な税コストを負担しない点は，日本も中国も同様です。ただし，大きく異なるのが実質上の制度です。

　以下，日本のリバースチャージ方式と中国の源泉徴収制度を比較してみました。

	日本のリバースチャージ	中国の源泉徴収
販売者	国外事業者	恒久的施設を有しない外国の法人又は個人（以下「外国法人等」という）
購入者	国内の事業者	国内の法人又は個人
対象取引	電気通信利用役務の提供及び特定役務の提供	課税役務すべて
納税者	国内事業者	外国法人等
源泉徴収義務者	－	納税代理人又は役務対価の支払者
仕入税額控除	仕入税額控除可	仕入税額控除可（税務局が代理発行した発票に基づく）

　日本で役務提供を受ける事業者が消費税の納税義務者になるのに対して，中国の増値税では，あくまでも役務提供を行った外国法人等が納税義務者になります。

　よって，あくまでも役務提供をし，対価を得た外国法人等が中国で税金を納付したことになります。なお，外国法人等は中国の一般納税者ではないため，増値税専用発票を発行できませんが，税務局が中国の法人等宛てに代理発行をすることによって，仕入税額控除が実現されています。

　また，適用範囲については，日本のリバースチャージ方式は電気通信利用役務の提供及び特定役務の提供であるのに対して，中国の源泉徴収制度はすべての課税役務となります。前述のように，中国増値税上の国内取引の判定について，役務提供の場合，役務を提供する側又は役務の提供を受ける側のいずれか一方が中国にあれば，国内取引に該当するため，中国増値税の適用範囲は広いです。

そうだったのか9
地方財政から見る還付税額の捻出問題
―輸出還付税額を寄附して!

　ある日本企業の中国子会社から増値税還付に関する相談を受けました。当該日本企業は2000年初頭，中国政府の呼びかけで製造コストの低い中国西部の大開発区に属する田舎町に工場を建設し，子会社を設立しました。

　中国子会社は業務用機械の製造を主たる事業としており，中国国内で材料や部品を調達し，組み立てたすべての製品を日本及び米国に輸出していました。会社設立当初から輸出売上は順調に伸び，3年後には増値税の還付税額は元単位で億まで上りました。しかし，ある日，突然所轄税務局から「増値税の還付ができない」と言われてしまいました。

　原因を調べたところ，中国子会社の仕入先はほとんど上海や広東など沿岸部の会社で，つまり，増値税の納付先は西部大開発区ではなかったのです。進出する際，地方政府から多数の優遇政策を受けていたため，いきなり撤退することもできません。仕方がなく，還付時期を延ばして，分割して還付税金を支払ってもらうことに合意しました。

　中国の増値税の財政収入のうち，75％が国，25％が地方に帰属します。また，2018年に国家税務局と地方税務局が統合されるまで，増値税の管理徴収は地方税務局によって行われていました。つまり，中国子会社が支払った仕入増値税は，いったん上海や広東の地方政府に納付され，田舎の地方政府が国からその税金の分配を受けるまで，税金を還付する財源がなかったのでした。

第4章
所得税と個人所得税

個人所得税は日本の所得税に相当する税金です。給与や役務報酬などの総合所得は3%から45%の累進税率,自営業の経営所得は5%から35%の累進税率を適用し,財産譲渡や賃貸,配当所得などの分離課税所得の適用税率は20%です。また,個人所得税の納税義務者は個人のみとなっているため,法人に対して課税されることはありません。

1　納税義務者と課税範囲

　日本と中国の納税義務者及び課税範囲を比較・分析すると次のようになります。

納税義務者	日　本		中　国	
	定　義	課税範囲	定　義	課税範囲
居住者	国内に住所を有し，又は1年以上居所を有する個人	全世界所得	国内に住所を有し，又は課税年度に183日以上国内に居住する個人	全世界所得
非永住者	居住者のうち，日本国籍を有しておらず，かつ過去10年以内の間，国内に住所又は居所を有していた期間の合計が5年以下	国内源泉所得＋国外源泉所得のうち，国内支払及び国外送金されたもの	中国国内に住所を有しない者のうち，年間居住日数が183日を超える課税年度が連続して6年以下の個人	国内源泉所得＋国外源泉所得で国内支払部分（国外支払分の免税について税務局届出必要）
非居住者	居住者以外の個人	国内源泉所得のみ	住所を有しない，かつ一つの納税年度に183日未満の国内居住する個人	国内源泉所得のみ

（注）中国における「183日以上居住」とは，暦年を通じて，一回の出国期間が連続30日を超えず，かつ累計90日を超えないで中国に滞在することをいいます。

(1)　所得税の日中差異分析

①「住所」とは，何か？

　実務上，中国に派遣された日本人駐在員は住民票を抜いて（住んでいる市区町村に海外転出届を提出して），日本の非居住者になることが多いです。一方，日本に派遣された中国人駐在員は，中国の非居住者になれません。なぜかというと，中国と日本の所得税法における「住所」に対する定義が異なるからです。

●住所の定義

日本の所得税法上の「住所」は，「個人の生活の本拠」をいい，「生活の本拠」かどうかは「客観的事実によって判定する」ことになっています。したがって，公務員などの職業を基に住所を推定する人を除き，その個人の生活の中心がどこかで住所判定をします。

それに対して，中国の個人所得税法上の「住所」は，「習慣性居住地」をいい，中国国内の戸籍，家庭，経済関係によって判定することになっています（実施条例2条）。なお，住所の判定で一番重視されているのは「戸籍」になります。

●戸籍制度と海外移住

中国には，戸籍登記管理制度があり，日本のように個人の意思によって戸籍を自由に決定・変更できません。中国人にとって，戸籍は国籍証明や人口統計の基本単位という意味だけでなく，定住場所という意味もあります。

また，中国社会は歴史的・伝統的に都市と農業が明確に切り離されており，現在でも農業戸籍から都市戸籍への移転は難しいです。特に北京市，上海市の戸籍を取ることは困難を極めており，多くの人は「臨時居住証」のまま滞在しています。

さらに，中国人が旅行，留学，勤務又は定住のために日本に入国する際には，相応のビザを取得する必要があります。永住や帰化する場合を除き，ビザの期限が到来した場合，戸籍所在地に戻らなければなりません。

このような背景の下で，中国の住所判定は，個人の生活の中心ではなく，国が管理している定住場所を基準に判定されることになります。

②　1年か，それとも183日か？

居住者の判断基準として，「住所」だけではなく，一定期間以上「居所」を有することも判定の基準になっています。この一定期間について，日本が1年以上居住を有することが居住者の要件であるのに対して，中国は183日以上滞在することが居住者の要件となっています。

実は，中国の改正前の個人所得税法（以下，「旧税法」という）も日本と同様，1年となっていました。しかし，実務上，一年間365日ずっと中国にいる駐在員は少なく，年の途中で何回か日本に帰国したりします。よって，旧税法

では，「1年以上居住」について，「暦年を通じて，一回の出国期間が連続30日を超えず，かつ累計90日を超えないで中国に滞在すること」と規定しました。

　一方，2018年時点で，中国はすでに100以上の国（地域）と租税条約を締結しており，これらの租税条約の給与所得の短期免税規定の条件はすべて183日となっています。租税条約は国内法より優先適用されることから，中国政府は2019年から施行された個人所得税法において，居住の判断基準となる一定期間を1年から183日に改正しました。

③　非永住者

　企業から派遣される駐在員の多くは，駐在国での滞在期間が2，3年であるため，非永住者に該当することが多いです。日本の非永住者は「日本国籍を有しておらず，かつ過去10年以内の間，国内に住所又は居所を有していた期間の合計が5年以下である」と定義づけされているのに対して，中国の非永住者は，「国内に住所を有しない，かつ1年のうち183日以上国内に居住する年数が連続で6年以下」で，適用範囲は比較的狭いです。

　実は，中国の旧税法では，6年ではなく，日本と同様5年でしたが，2019年の税法改正で，1年間延長することになりました。例えば，ある日本人駐在員が中国に2016年から2018年の3年間駐在して，その後しばらくの間日本に帰任し，2020年再び中国に赴任する際には，中国の非居住者に該当することになります。一方，日本に同条件で赴任する中国人は，過去の10年間のうち，日本に5年以下居住することになるため，日本の非永住者に該当してしまいます。

そうだったのか10
中国人は二重居住者になりやすい？

　日本に派遣された中国人駐在員は，１年以上の駐在が必要な職業であっても，中国に戸籍があるため，中国に「住所を有する」ことになり，中国の居住者になります。一方，日本に１年以上居住するため，日本の居住者（非永住者）にも該当します。つまり，両国の居住者，いわゆる「二重居住者」になってしまいます。

　日中租税条約第４条２項により，「双方の締約国の居住者に該当する個人については，両締約国の権限のある当局は，合意により，この協定の適用上その個人が居住者であるとみなされる締約国を決定する」となっています。日中租税条約が締結された1983年と比べて，現在海外で留学，勤務又は生活している人は非常に多く，いちいち両国の税務当局が合意することは現実にはありません。実務上，納税義務者が戸籍，家庭及び経済関係を総合的に勘案し，どちらの国の居住者か判断しています。

　中国人の留学生で，日本の大学を卒業したあと，日本の企業に就職し，日本で給与を取得する人はいますが，彼らは日本の給与に対して，中国で個人所得税を申告・納税していない場合が多いです。これは，中国の非居住者になったわけではなく，中国に戸籍を有するものの，中国で家庭や経済収入がないため，日本の居住者のみの身分で申告・納税しているからです。
　一方，中国の国営企業や大手企業の日本駐在員の多くは，中国本社から一部の給与を支払われることや，中国に家族や住宅を残すことから，二重居住者のまま中国及び日本両方で申告・納税しているケースが多いようです。

そうだったのか11
全世界所得課税の外国人は少ない？

　実務上，中国では，全世界所得課税されている外国人は少ないです。それは，外国人は帰化しない限り，中国の戸籍を取得することができないからです。かつ，駐在の6年目に，累計して90日間以上海外出張をすれば，「連続して6年間中国に居所を有する」条件から外れます。その次の年から，非居住者の身分で国外源泉所得のみに対して中国の個人所得税を申告することができます。

　なぜ中国の個人所得税法は外国人にこんなに緩いのでしょうか？　あくまでも推測ですが，次の2つの背景に起因すると思われます。

1　個人所得税の税収割合

　中国の全体税収のうち，個人所得税の占める割合は20％未満です。個人財産や収入が法律に認められたのは改革開放以後であるため，個人が税金を納める観念はまだ薄いです。

　また，給与水準が低かった昔の時代には，多くの公務員やサラリーマンに「副収入」がありました。副収入の多くは現金収受であり，またコンプライアンス上の問題が多く，所得税が申告されないのも当然なことだったのでしょう。

2　管理徴収の難易度

　中国の税務機関の中で，個人所得税の管理徴収を担当する部署及び専門官は少ないです。外国人どころか，中国国民の所得税の申告・納税の指導をする人手も不足しています。非永住者の範囲を狭めて，国外源泉所得の把握と課税をすることは，費用対効果の観点から必要ではなかったのでしょう。よって，2019年に施行された個人所得税法の改正では，「減税改正」とアピールしようと，判断されたのではないかと思っています。

2 課税所得と適用税率

　中国では，2018年まで，納税義務者が獲得する所得に対してそれぞれ超過累進税率又は比例税率を適用する，いわゆる「申告分離課税」制度を採用していました。

　2019年から施行された個人所得税法では，給与所得，役務報酬所得，原稿料所得及びロイヤルティなどの特許権使用料所得の4種類の所得を合わせて，総合所得として累進税率を適用することとされました。さらに，個人事業者生産・経営所得及び事業組織の請負経営，リース経営所得を合わせて事業所得として課税することに改正されました。

　日本及び中国の総合課税と分離課税の適用範囲及び税金計算方法を比較・分析すると，次のようになります。

(1) 総合課税
① 概　要

種　類	日　本	中　国
総合課税の所得	① 利子所得（源泉分離課税とされるもの等を除く） ② 配当所得（源泉分離課税とされるもの及び申告分離課税を選択したものを除く） ③ 不動産所得 ④ 事業所得（株式等の譲渡による事業所得を除く） ⑤ 給与所得 ⑥ 譲渡所得（土地・建物等及び株式等の譲渡による譲渡所得を除く） ⑦ 一時所得（源泉分離課税とされるものを除く） ⑧ 雑所得（株式等の譲渡による雑所得，源泉分離課税とされるものを除く）	次に掲げる所得は「総合所得」として課税する。 ① 給与所得 ② 役務報酬所得 ③ 原稿料所得 ④ 特許権使用料所得※1

※1　特許権は，商標，特許，著作権，ノウハウなどの無形資産の総称です。

　日本も中国も総合所得にかかる個人所得税額は，次の算式により計算されます。

所得税額＝年間課税総合所得×税率－速算控除額－予定納税額

②　課税所得及び税額の計算

　上記算式の年間課税総合所得は，次のように求められます。

年間課税総合所得＝年間総合所得－基礎控除額－法定社会保険自己負担分
－特別附加控除額－その他所得控除

●基礎控除額

　中国の基礎控除額は，日本の基礎控除に相当する所得控除であり，一律１人当たり年間６万元（約100万円）です。

●法定社会保険

　中国の法定社会保険は，「五険一金」と呼ばれている社会保障制度のことです。その概要は下表のとおりです。

項　目	内　容	管理機関
法定社会保険	養老保険：定年退職後の年金の支給 医療保険：病気や怪我などの際の医療費の負担 失業保険：失業期間中の生活費等の支給 工傷保険：労災による医療費の負担と休業補償 生育保険：出産にかかる医療費の負担と手当の支給	人力資源及び社会保障局
	住宅積立金：新築や中古住宅の購入，リフォーム費用の支給	住宅積立金管理センター

　中国には，介護保険がないものの，出産費用を補填するための生育保険や住宅の購入を支援するための住宅積立金は設けられています。

　中国の企業が従業員を雇用した場合の法定社会保険を日本と比較すると次のようになります。

日　本	徴収比率※1		中　国	徴収比率※2	
	会　社	個　人		会　社	個　人
厚生年金	9.15%	9.15%	養老保険	20%	8％
健康保険	4.905%	4.905%	医療保険	9.5%	2％
介護保険	0.82%	0.82%	生育保険	0.5%	0.5％
雇用保険	0.85%	0.5%	失業保険	0.2〜1.9%	―
労災保険	0.3%	―	工傷保険	1％	―
			住宅積立金	7％	7％

※1　日本の徴収比率は東京都の一般事業を行う企業が適用するものとなります。
※2　中国の徴収比率は上海市の企業が適用するものとなります。

　中国の社会保険は，地域によって項目や徴収比率が異なります。また，保険料の管理徴収及び支給はすべて地方政府が行うため，省をまたがる支払は原則できません。例えば，上海で勤務し，保険料を納めていた人は，故郷の北京で医療保険及び住宅積立金を享受できないという問題があります。
　また，日本と同様，社会の老齢化によって，社会保障財源が圧迫されることも懸念されています。

●附加控除
　中国の個人所得税法においては，次に掲げる7つの附加控除が認められています。

項　目	標準控除額	控除対象
子女教育控除	子供一人につき毎月1,000元	就学前教育，全日制の学校教育海外で受けた上記の教育
継続教育控除	毎月400元 ただし，同一学校教育の控除期間は48か月を超えることはできない。 当該証明書を取得した年度に定額3,600元を控除。	中国国内での学校継続教育技能資格継続教育，専門技能職業資格継続教育
老人扶養控除	一人っ子：毎月2,000元 上記以外：兄弟姉妹については2,000元を頭割し，一人当たりの控除額は毎月1,000元を超えてはならない。	60歳以上の両親，あるいは子供が死亡した60歳以上の祖父母の扶養

住宅ローン控除	毎月1,000元 ただし，240か月を超えて享受できない。 直轄市，省庁所在都市等は毎月1,500元。	納税者あるいは配偶者が単独あるいは共同で中国国内の住宅を，商業銀行の住宅ローンあるいは住宅積立金の個人住宅ローンを利用して，初めて購入する場合に支払う住宅ローン利息
住宅家賃控除	戸籍人口が100万人を超える都市は毎月1,100元。 戸籍人口が100万人以下の都市は毎月800元。	納税者が主要勤務都市に住宅を有しない場合に発生する住宅家賃支出
重病医療控除	累計で15,000元を超えた医療費を控除。 ただし，80,000元を上限とする。	医療保障情報システムに記録される医療費用のうち，医療費精算後の個人負担部分（すなわち，医療保険の範囲内の自己負担部分）
乳幼児控除	乳幼児一人につき毎月1,000元	3歳以下の乳幼児の扶養

●その他所得控除

　上記以外に，財政部や国家税務総局が認めた所得控除もあります。例えば，一定の要件を満たした公益目的の寄附金控除が認められています。

③　税率表

中国の総合所得に適用される税率はそれぞれ下記のとおりです。

	中国元		日本円（為替レート　1元＝15円で計算）	
No	課税総合所得金額(RMB)	税率(%)	課税総合所得金額（JPY）	税率(%)
1	36,000元以下	3	54万円以下	3
2	36,000元超 ～144,000元以下	10	54万円超216万円以下	10
3	144,000元超 ～300,000元以下	20	216万円超～450万円以下	20
4	300,000元超 ～420,000元以下	25	450万円超～630万円以下	25
5	420,000元超 ～660,000元以下	30	630万円超～990万円以下	30
6	660,000元超 ～960,000元以下	35	990万円超～1,440万円以下	35
7	960,000元超	45	1,440万円超	45

上表のとおり，中国の税率は3％から45％であり，日本の5％から45％の累進税率と近いように見えますが，中国には住民税がなく，個人所得税のみの課税となります。

一方，課税総合所得の最高税率適用の所得レベルは日本と比較して低いです。例えば日本では年間課税所得が4,000万円以上の納税義務者が最高税率の適用対象であるのに対して，中国は約3分の1の1,440万円となっています。

(2) 経営所得

中国では，個人事業者生産・経営所得や組織の請負経営，リース所得を「経営所得」として，総合所得と分けて，次のように所得税を計算します。

① 課税所得

$$課税経営所得＝経営収入－原価・費用－損失$$

② 税 率

経営所得の適用税率表は下記のとおりです。

等級	年度課税所得	税 率	速算控除額（元）
1	30,000元以下	5	0
2	30,000元超90,000元以下	10	1,500
3	90,000元超300,000元以下	20	10,500
4	300,000元超500,000元以下	30	40,500
5	500,000元超	35	65,500

(3) 分離課税

中国の個人所得税法では，申告分離の適用対象所得及び適用税率は次頁表のようになっています。

種　類	税　率	課税所得の計算
財産譲渡所得	20%	譲渡収入－取得原価－必要費用
財産賃貸所得	20%	収入が4,000元未満：(4,000元－800元) 収入が4,000元以上：(収入×（1－20%))
利子，配当所得	20%	
一時所得	20%	

　日本では，分離課税適用所得として，山林所得，土地建物の譲渡所得，株式等の譲渡所得などがあります。また，利子所得や一定要件を満たした退職所得についても，源泉分離課税が適用されます。

(4)　非課税所得

①　概　要

　個人所得税法4条の規定により，次に掲げる所得に対して，中国では個人所得税は課税されません。

i	省級人民政府，国務院部門委員会と中国人民解放軍以上の単位及び外国から支給される科学，教育，技術，文化，衛生，体育，環境保護等の分野の奨励金
ii	国債及び国家が発行する金融債券の利子
iii	国家の統一規定に基づいて発給される補助金，手当
iv	福利費，弔慰金，救済金。(これらは国家の関連規定により，企業，事業単位，国家機関，社会団体によって支給される福利費，あるいは労働組合経費の中から支払われる生活補助費，救済金や国家民生部門が支給する生活困窮補助費を指す)
v	保険賠償金
vi	軍人の転業費，復員費，退役費
vii	国家の統一規定に基づいて支給される幹部・職員への住居手当・退職金・基本的老齢年金・定年退職金・離休一時金・退職後の生活補助金
viii	中国の関連法規で免税対象と規定される各国の中国駐在大使館，領事館等の大使，領事官員及びその他の人員の所得
ix	中国政府が当事者である国際公約，調印済議定書の規定による非課税所得
x	国務院財政部門の認可したその他免税所得

②　外国人の非課税所得

国税発［1997］54号の規定により，外国籍個人が現物支給方式又は実費精算方式で取得する以下の各種手当に対しても，中国の個人所得税は課税されません。

i	住宅手当
ii	食事手当，クリーニング手当
iii	国内外の出張手当
iv	帰省旅費（本人分年2回まで）
v	医療費
vi	語学訓練費及び子女教育手当
vii	中国赴任時，帰任時の引越費用

この規定が公布された1997年には，中国と諸外国の賃金レベルにかなり差がありました。このような中で，より多くの外国人材に中国で勤務してもらうための優遇措置が上記の規定だったのです。

しかし，近年，外国人と中国人の課税の公平を図るべきだとの声が増えて，2019年の個人所得税大改正に合わせて，国家税務総局は上記の免税手当は，2023年12月31日まで経過措置を延長し，それ以降は廃止することとしました。

⑸　グレーターベイエリアの優遇税制

広東省（粤）珠江デルタの9都市（広州，深圳，東莞，恵州，仏山，江門，中山，珠海，肇慶），香港（港）・マカオ（澳）を統合した粤港澳大湾区（以下「グレーターベイエリア」という）の経済発展に必要なハイエンド人材の就労を誘致するべく，2019年，財政部及び税国家総務局は「グレーターベイエリア個人所得税優遇政策の通知」（財税［2019］31号）を公布しました。

深圳や珠海に行ったことのある人はご存知かと思いますが，深圳又は珠海から徒歩で香港又はマカオに行けます。近年，こうした政策と中国大陸の経済発展により，香港やマカオの人たちは大陸の会社に就職することが多くなりました。

先述のとおり，給与所得に対する中国大陸の個人所得税率は3％から45％の累進税率です。他方，香港の所得税率は標準税率15％又は2～17％の累進税率との選択制であり，マカオの所得税率は0～12％の累進税率となっています。

　優遇政策では，2019年から2023年までの間，グレーターベイエリアで働く海外（香港・マカオ・台湾を含む）のハイエンド人材と不足人材に対し，大陸と香港の個人所得税負担額の差額に基づき補助金を支払うこととしています。また，当該補助金は個人所得税の課税対象とはなりません。

　ハイエンド人材と不足人材の判定基準は各市によって異なりますが，例えば，広州市では，国又は地方政府が承認した重大な人材プロジェクトの入選者などをハイエンド人材とし，国の重点産業である次世代情報技術，人工知能，バイオ医薬などの業種に従事する者を不足人材と規定しました。

(6)　日中差異の比較分析
①　分離課税から総合課税への改正

　中国の個人所得税法は従来，納税義務者が獲得する所得は9種類に区分し，それぞれ超過累進税率又は比例税率を適用する，いわゆる完全な「分離課税」制度を採用していました。納税者はその獲得した所得について，翌月の15日までに所轄税務局に申告書を提出し，納税をしなければなりませんでした。

　この方法は申告業務の簡便さ及び税収確保の迅速化の観点から優れていました。しかし，市場経済の発展は富裕層の増加及び所得の多様化をもたらし，分離課税制度のデメリットも顕在化しました。例えば，会社の董事兼総経理であるA氏の会社から支給される「董事費」は「役務報酬所得」に該当し，会社から支給される「工資」は「給与所得」に該当するため，それぞれ分離課税されることとなり租税回避の温床となっていました。

　このような分離課税制度を利用した租税回避行為を防止するために，国家税務総局は，国税発［2009］121号通知を公布，会社（関連会社を含む）で勤務又は雇用される個人は，同時に董事，監事を兼任する場合，その個人が獲得する董事費，監事費を個人の給与と合わせて，給与所得として個人所得税を課税することを明確にしました。

　2019年から施行された個人所得税法においては，給与所得，役務報酬所得，原稿料所得及び特許権使用料所得の4種類の所得に対して総合課税を行うため，上記のような租税回避行為はできなくなっています。

②　役員報酬及び使用人給与

中国会社の総経理は，社長だと思っている方は多いかもしれません。しかし，実はそうとは限りません。

中国の会社法では，会社の最高権力機関として董事会があり，さらに，董事会の下に総経理を代表とした経営管理機構が設置されます。董事は株主により選出されたメンバーであり，日本の取締役に相当します。したがって，代表取締役である董事長が日本の社長と呼ばれる役職と類似します。董事の仕事は，董事会に出席し，会社の重大事項の決議や事業計画及び財務報告の承認を行い，その報酬として「董事費」を受け取ることになります。

一方，総経理は董事会の任命を受けて日常の経営管理を行い，その報酬として「工資本」を受け取ることになります。すなわち，総経理は日本の執行役員のトップに相当する役職と理解すべきでしょう。

中国の公司法13条の規定により，「会社の法定代表者は，会社定款の規定に従い，董事長，執行董事又はマネージャー（中国語では「経理」）が就任し，かつ法に従い登記する」と規定されているため，確かに法人代表が総経理である会社もあります。この場合，総経理は日本の社長の身分を持つことになります。

③　賞与と奨金

日本の会社に勤務している人なら，夏と冬に賞与が支給されることが多いかと思います。しかし，このような，会社の業績が目標に達成したかどうかに関係なく，決まった時期に決まった金額の賞与（中国語では奨金）がもらえる商慣習は中国にはありません。外資系企業は給与の1か月分に相当する，いわゆる「13か月分給与制」を採用することが多いですが，中国のローカル企業は原則業績に連動した賞与を旧正月前に一括して支給しています。

2018年まで，賞与に係る個人所得税は月次で計算されるため，賞与の支給月の税金が高額となる問題がありました。国家税務総局は2005年に「個人が取得する年間一括賞与の個人所得税計算の問題を調整する通知（国税函［2005］9号）」を公布し，1年間を計算対象とする賞与については，その支給額を12で除し金額で適用税率及び速算控除額を適用する優遇税制（以下，「12分12乗方式」という）を設けました。

　一方，新税法は給与所得を含む総合所得の課税期間を1年間にしたため，当該優遇税制の必要はなくなりました。よって，年間一括賞与の優遇税制は，3年間の経過措置を経たうえで，2024年1月1日以降廃止される予定です（財税〔2018〕164号，国家税務総局公告2021年第42号）。

④　退職金と経済補償金

　日本のサラリーマンは60歳で定年した際に，会社から一定金額の退職金が支給され，65歳から年金が支給されるようになります。中国の定年年齢は，男性が60歳，女性幹部が55歳，女性従業員が50歳と決まっており，定年後国から年金がもらえますが，退職時に退職金が支給される商慣習はありません。

　また，中国の個人所得税法2条の規定により，国家の統一規定に基づいて支給される幹部・職員への住居手当・退職金・定年退職金・離休一時金・退職後の生活補助金は所得税の非課税所得となるため，退職金や年金に関する課税関係はありません。

　ただし，中国では定年前に一定の事情により会社をやめた場合，労働契約法第47条の規定により，経済補償金として労働者が当該企業において業務をした年数に従い，1年ごとに1か月分の賃金を支払わなければなりません。

　ここで日本の退職金と中国の経済補償金の課税関係を比較してみます。

	日　本	中　国※3
所得分類・課税制度	退職所得・分離課税	給与所得・分離課税
所得の計算※1	所得金額＝（退職金－控除額）×1/2 控除額＝40万円※2×勤務年数	退職金－控除額 控除額＝所在地域平均給与の年額 　　　　　×3倍
適用税率	5％～45％の累進税率	3％～45％の累進税率
申告・納付	源泉徴収	源泉徴収

※1　「退職所得の受給に関する申告書」の提出が条件となります。
※2　勤務年数が20年を超える場合，超えた年数に70万円をかけます。
※3　財税〔2018〕164号

　実務上は，中国に出向した日本駐在員が退職する際に受け取る退職金の源泉地について検討する必要があります。つまり，当該駐在員が日本本社の退職金規程に基づき支給される退職金のうち，中国の出向期間が含まれているため，

原則として日本での勤務期間に対応する部分を日本源泉所得として，中国での勤務期間に対応する部分を中国源泉所得として申告しなければなりません。

⑺　従業員持株会に関連する税金問題

　最近，日本法人の中国子会社は中国の証券取引所での新規上場に向けて，従業員持株会を創設することがあります。その際の中国子会社に出向する日本人社員の税金関係について，事例を挙げて説明します。

①　前　提

　A社は中国深圳市にある日本法人甲社と中国乙社が設立した合弁会社であり，中国の「スタートアップ（創新）企業による従業員持株計画及びストックオプションの試験的実施に関するガイドライン（中国証券監督管理委員会公告［2018］17号，以下「証監会17号公告」）」及び「深圳市会社内部従業員持株規定（深府［2001］8号）」の関連規定により，次のような従業員持株プランを制定しました。

従業員持株会のイメージ

　従業員持株会制度を導入した後，A社の株主は，日本甲社及び中国乙社以外に，従業員持株会が加わることになります。証監会17号公告では，従業員持株会は会社又は組合などのプラットフォームを使用しなければならないと定められています。実務上，中国国内における有限責任の組合（Limited Partnership）を採用するのが一般的であり，持株会入会予定の社員等（以下，「社員等」）は，当該LPを通してA社の株式を保有することになります。

　中国では，外国企業及び外国人の持株割合が25％以上ある企業は，外資系企業（外商投資企業）に該当し，その株主が変更される場合，所轄政府機関に届出を行わなければなりません。A社の株主にあたる従業員持株会では頻繁に株主（従業員持株会会員）が変更となるため，問題となります。

　また，上場株式会社については株主数に制限はありませんが，非上場会社は200人以上の株主は認められないという規則があります。従業員持株制度を推奨するうえで，株主の人数制限は問題となります。

　これらの障害をクリアするために，LPが基金協会における届出手続きを行い，株主である社員等が会社上場後36か月間株式を譲渡しないことを約束する場合には，LPを1人の株主として計算することができるようになりました。すなわち，実質的な株主は多数の従業員各個人ですが，従業員持株会というLPを1人の株主とする扱いです。

②　中国のLPの課税制度

　日本の持株会が民法に規定する任意組合であるのに対して，中国では有限責任のLP形式を採用することが多いです。

　中国のLPは2007年6月1日から施行された「中国パートナーシップ企業法」に基づき登記しなければなりませんが，LPは税務上の納税義務者としての企業ではありません。中国の「企業所得税法」第1条にも，パートナーシップ企業は本法を適用しないと明確に規定しています。

　また，財政部・国家税務総局が公布した「個人独資企業及びパートナーシップ企業投資者の個人所得税に関する規定」（財税［2000］91号）は，パートナーシップ企業のパートナーは納税義務者として，そのパートナー企業の事業所得及びその他の所得に対して，申告・納税をしなければならないとしています。

　つまり，中国では，パートナーシップ企業の所得に対しては課税されず，その投資者であるパートナー所得（企業又は個人）として課税する，いわゆるパス・スルーの課税制度が採用されています。

　例えば，A社が株主に対して配当を支払った場合，LPは当該配当について税金を申告・納付するのではなく，最終投資者である社員等の所得として課税されることとなります。当該LPのパートナーが中国法人又は個人である場合には，中国の企業所得税法又は個人所得税法に従い，申告納税をしますが，当該LPのパートナーが外国法人又は非居住者である場合には，中国国内法のみならず，租税条約も考慮しなければなりません。

③　出向社員の課税関係

　次に，A社に出向している製造部長のT氏（日本国籍）が，A社の従業員持株会に参加する場合の課税関係について説明します。

　T氏の持株会関連の取引及びA社株価は下記のとおりです。なお，A社株式の株価は人民元建てですが，以下では説明の便宜上「日本円」換算額として記載します。

・20X1年9月　T氏はA社の持株会に加入し，10月に100株を100万円で購入した（一株当たり時価1万円×100株）。

・20X1年度末において，A社の株価は一株当たり1万円から1.5万円に上昇した。

・20X2年5月，T氏はA社から10万円の配当を受け取った（一株当たり配当1千円×100株）。

・20X3年1月，A社は深圳取引市場に新規上場し，株価は10万円となった。

・20X4年1月T氏は日本に帰任し，20X4年4月に，その所有する株式を1,000万円で売却した（一株当たり時価10万円×100株）。

	9月	10月	12末	5月		1月	4月
	20X1年			20X2年	20X3年	20X4年	
T氏	持株会に加入	100株 100万円で購入		配当10万受取	A社IPO	日本帰国	100株1000万で売却
株価(1株)		1万	1.5万		10万		10万

T氏の各時点における申告義務及び課税関係を判定するのに，まずその取引が発生する時点のT氏の居住形態及び所得の有無並びに所得の源泉地を判断する必要があります。具体的には下記のとおりになります。

●株式購入時

T氏は20X1年10月にA社の株式を時価により購入しただけですので，所得は発生しません。よって，課税関係は生じません。

居住形態	所得の有無と源泉地	結　論
中国の居住者	所得：なし※	課税なし

※T氏の株式購入価格が市場価格より著しく低い場合には，A社から経済的利益（給与等）を取得したとみなされる可能性があります。

●株価評価損益発生時

株価が1万円から1.5万円に上昇しましたが，当該評価益は実現されていないため，中国の所得税法上の所得は発生しません。よって，課税関係は生じません。

居住形態	所得の有無と源泉地	結　論
中国の居住者	所得：なし	課税なし

●配当受取時

ⅰ　中国の課税関係

T氏は中国国内に住所（戸籍）を有していませんが，20X2年5月まで中国で183日以上6年以下居住していたため，中国の居住者（非永住者）に該当します。よって，その獲得する中国国内源泉所得のみならず，中国国外源泉所得で中国国内支払部分に対しても中国で所得税を申告・納付する必要があります。

中国の配当所得にかかる所得税は，次の区分によって課税関係が異なります。

No	区　分	所得税率	備　考
1	上場会社の配当 新規発行又は市場から取得するもの かつ，保有期間が1年以上	免税	財税（2015）101号
2	上場会社の配当 新規発行又は市場から取得するもの かつ，保有期間が1か月以上1年未満	10%	財税（2015）101号
3	上記1と2以外の配当	20%	個人所得税法第2条・3条・6条

　T氏が配当を受け取った20X2年5月時点においては，A社はまだ上場していないので，上表の3に該当するため，配当金額に対して20%の所得税が課税されることになります。

　ⅱ　日本の課税関係

　一方，T氏は1年以上日本から離れているため，日本の非居住者に該当します。A社から受け取る配当は日本源泉所得ではないため，日本での課税関係は生じません。

　ⅲ　配当にかかる税金金額

　T氏の配当にかかる税金は次のように計算されます。

$$所得税金額＝配当金額100千円×20\% ＝ 20千円$$

●株式売却時

　株式の譲渡所得に対する日本及び中国の課税関係を比較すると以下のとおりです。

	中　国		日　本	
上場株式等の 譲渡所得	保有期間1年超 保有期間1か月超1年以下 保有期間1か月以下	5％ 10％ 20％	所得税率　15％[注1] 住民税率　5％	
上記以外の株式等の 譲渡所得	20％		所得税率　15％ 住民税率　5％	

注1　計算の便宜上，復興特別所得税（所得税額×2.1%）を省略するものとします。

　20X4年4月に，T氏は上場したA社の株式を売却していますが，同年の1月にすでに帰任し，日本の居住者となっています。T氏は日本の居住者として日本で課税を受ける一方，源泉地国の中国でも課税を受けることになります。

　日中租税条約では，株式の譲渡所得は源泉地国課税とされているため，二重課税の状況が生じます。前頁の表のとおり，T氏が獲得する株式譲渡所得に対して，それぞれ中国では5％，日本では20％の税金が課税されることになります。また，日本と中国での二重課税を排除するために，T氏は日本で確定申告をする際，中国で課税される税金について外国税額控除を受けることができます。

　その結果，株式譲渡所得にかかる日本及び中国の税金関係は下記のとおりとなります。

（単位　千円）

	中　国	日　本
譲渡収入	10,000	
取得原価	1,000	
譲渡益	9,000	
所得税・住民税	450	1,800
外国税額控除	―	−450
税額合計	450	1,350

3　申告・納税

　中国の個人所得税の申告・納付方法及び期限は次の図のとおりです（個人所得税法11，12，13，14）。

	申告方法	申告・納税期限（注1）	備　考
総合所得	原則：源泉徴収（注2）	源泉徴収した月の翌月15日まで	
	特例：一定の要件を満たした場合，確定申告	翌年3月1日から6月30日まで	非居住者を除く（注3）
経営所得	自主申告（注4）	翌年3月31日まで	毎月翌月15日までに予定申告
上記以外	原則：源泉徴収（注2）	源泉徴収した月の翌月15日まで	
	特例：自主申告（注4）	所得を取得した月の翌月15日まで	

注1：総合所得及び経営所得の課税年度は1月1日から12月31日までの1年間となっていますが，それ以外の所得の課税年度は1か月間又は1回となっています。
注2：源泉徴収義務者が源泉徴収しなかった場合，翌年の6月30日までに申告書を提出し，税金を納付しなければなりません。
注3：非居住者が中国国内の2か所以上から給与を取得する場合，毎月の翌月15日までに申告書を提出し，税金を納付しなければなりません。
注4：居住者が取得する国外源泉所得については，翌年3月1日から6月30日までに申告書を提出し，税金を納付しなければなりません。

(1)　年末調整と確定申告

　日本のサラリーマンなら，ほとんどの場合，毎月給与から所得税及び住民税は源泉徴収され，年末又は翌年初に年末調整によって，年間税額が確定され，課税関係が終了します。

　一方，これまでの中国では，分離課税の対象となる所得については，所得を獲得した日の翌月までにほかの所得と分離して，申告・納税をしていたため，年間単位で確定申告を行う必要はありませんでした。ただし，総合課税方式の導入により，総合所得のみに対して確定申告が必要となりました。

　納税義務者は次に掲げる事由に該当する場合，翌年度の3月1日から6月30

日までの間に所轄税務局にて申告・納税（以下「確定申告」という）をしなければなりません。

> ①　総合所得を取得し，追加納付又は還付が必要な場合
> ②　総合所得を取得したが，源泉徴収義務者がいない場合
> ③　源泉徴収義務者が源泉徴収していない場合
> ④　国外源泉所得を取得した場合
> ⑤　海外移住のため中国の戸籍を抹消する場合
> ⑥　非居住者が中国国内で２か所以上から給与所得を取得する場合
> ⑦　国務院が規定するその他の場合

　また，国家税務総局公告2022年第１号の規定により，次に掲げる者は確定申告を行う必要はありません。
・　確定申告により総合所得の年間収入金額が12万元以下である場合
・　確定申告により追加納付税額が400元以下である場合
・　確定税額が予定納税額と一致する場合
・　確定申告で還付の要件を満たすが，還付申請をしない場合

(2)　源泉徴収義務者

　中国の個人所得税法９条の規定により，個人所得税は所得を取得する者を納税者とし，所得を支払う団体又は個人を源泉徴収義務者とします。中国では，個人に対して給与・配当等を支払う場合はもちろん，役務提供報酬や株式の譲渡代金などの対価を支払う場合でも，その支払う団体又は個人は源泉徴収義務を負います。

　なお，源泉徴収義務者がその源泉徴収義務を履行しない場合，延滞税及び加算税の課税対象になる一方，源泉徴収税額の２％に相当する金額を手数料として源泉徴収義務者に支払うことにしています。まさにムチとアメの使い分けをしています。

　昔，日系企業の経理担当者が税務局から“返金”された２％の源泉徴収手数料を会社の収入として計上せず，経理部門の福利厚生に使った例がありました。原則としてその手数料は営業外収入に該当し，増値税及び企業所得税の課税対象となります。

(3)　電子申告

　従来，個人所得税の申告は各レベルの税務機関の専用申告サイト又は指定用紙に情報を入力し，所轄税務局の「税務事務ロビー」に提出していました。そのために，各企業では税務事務を担当する専門の管理職員（以下，「専管員」という）が配属され，専管員の業務レベルの差や，担当所管企業との癒着が問題となっていました。

　近年，インターネットの普及及びIT技術の進歩，特に新型コロナウイルスの影響により，インターネット上ですべての税務事務を行うニーズが高まりました。そこで，国家税務総局は各級税務局に対して，増値税専用発票の購入及び発行や，税務申告書の作成及び税金納付だけではなく，納税信用の評価や税務証明書の発行など，あらゆる税務サービスをインターネット上で行えるよう要請しました。

　これが「電子税務局」と呼ばれている電子申告システムで，日本でいうe-Taxです。電子税務局は外付けの専用電子機器を購入する必要もなく，専門知識と実務経験がなくても簡単に使用することができます。これはサービス精神というよりも，無申告を減らし，税収収入を増やすための工夫だと考えられます。

　また，日本と違って，民間企業が税務申告用のソフトウェアを開発し，直接企業に販売することはできず，税理士に依頼して申告書を作成させる商慣習もありません。そのため，第3章でも述べたとおり電子税務局は，納税義務者が唯一使用できる申告用のソフトウェアとなっています。

　電子税務局は，メニューを適宜選択することで，申告書等を作成し，税金の電子納付まで行うことができます。申告情報を入力した後に申告書が自動的に作成・提出されるだけではなく，税金納付もネット上で行うことができます。システム自体はもちろん，税法改正に合わせたアップデート版も無料で使用できますし，スマホやキャッシュレス決済の普及によって，携帯用のアプリケーションの開発も迅速になされ，ますます便利になっています。

　ところで，2019年の個人所得税大改正の際，国家税務総局の依頼を受け，民間企業である税友軟件集団（SERVYOU GROUP）が，上海財経大学などの教育機関及びアリババなどのIT企業並びにシンクタンクと連携して，「個人税収

管理システム」を開発しました。

　初めて導入された医療費控除，住宅ローン控除，扶養控除などの所得控除は，すべて納税義務者がアプリ上で情報を入力しただけで，自動計算されます。このおかげで，2019年の税制改正はスムーズに実行されました。

そうだったのか12
中国の個人所得税収はなぜ少ないか？

　中国の2022年の税金収入合計は16兆6,614億元（約317兆円）でした。中国の主な税金収入金額及び増減率は以下のとおりです。

2022年	単位　億元	構成比	前年比
増値税（※1）	55,314	33.20%	−11.75%
企業所得税	43,690	26.22%	3.90%
個人所得税	14,923	8.96%	6.60%
消費税	16,699	10.02%	20.30%
その他（※2）	35,988	21.60%	10.34%
合計	166,614	100.00%	−3.50%

（出所）　2022年財政収支情況_部門政務_中国政府網（www.gov.cn）　2023.04.16
（※1）　輸入増値税及び消費税を含みますが，輸出還付増値税を含みません。
（※2）　契税や房産税と城鎮土地使用税並びに土地増値税17,959億元を含みます。

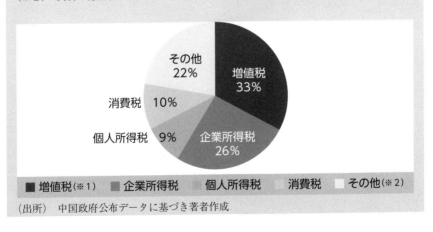

（出所）　中国政府公布データに基づき著者作成

　上表のとおり，増値税は全体税収の約４割を，企業所得税は２割超を占めます。2019年の個人所得税法改正により，個人所得税は３年連続上昇し，９％となりました。

　なお，日本の令和３年の各税目を個人所得課税，法人所得課税，消費課税，資産課税等に分類したうえで，その税収が総税収（国税）に占める割合をみてみるとそれぞれ30.6％，19.6％，44.7％，5.1％となっています。

　お金持ちが年々増加する中国では，個人所得税が全体税収に占める割合はたったの８％超というのは，どうしてでしょうか？

　2018年，日本にもファンが多い国際女優が巨額の脱税容疑などで８億8,000万元（約156億円）の支払いを命じられ，その後，人気の高い別の女優やライブ配信などで大人気となったインフルエンサーと呼ばれる人々も次々と修正申告を行い，多額な追徴税金を払うこととなりました。

　彼女たちの脱税の手法は，「陰陽合同」と呼ばれる契約書の改ざんや分離による単純な手口です。つまり，納税者は１つの映画の出演契約を，無理やりいくつかの契約に分けて，優遇税制のある地域（無錫や新疆ウイグル自治区の霍尔果斯など）に設立されたペーパーカンパニーに契約をさせることによって，個人所得税を不当に回避しました。

　また，納税義務者は江蘇省税務局からの《税務処理決定書》及び《税務行政処罰決定書》を受け取った後，本税・延滞税及び加算税をすべて期限内に納付したため，行政処分にとどまり，刑事責任が問われませんでした。

　一方，江蘇省税務局はこの女優の住所地である無錫税務局の元責任者及び関連税務職員に対して責任を追及するよう命じました。なお，映画業界の税務検査を行い，2018年12月31日までに自主的に修正申告又は税金を追加納付する映画関連の企業及び職員に対して，行政処分を免除し，加算税を課さない通知を出しています。

　この調査事例のように，中国では納税義務者の納税意識の低さだけではなく，各地方の税務局の個人所得税の管理徴収の意識レベルも決して高くありませんでした。

(4)　ビッグデータの利用

　上述のように，2019年から個人所得税法の改正により，子女教育控除や住宅ローン控除，重病医療控除などの７つの専項控除が新たに設けられました。しかし，中国には日本のような，第三者によって発行された保険料控除証明書や住宅借入証明書のようなものはありませんし，源泉徴収義務者である企業はそ

の控除の正確性と真実性を確認する義務もありません。納税義務者はみずから情報を入力し，その情報に基づいて所得控除を受けられます。

　では，もし納税者が虚偽の情報を入力し，個人所得税を過少に申告したらどうするのでしょうか？

　この点に関しては，税務局は申告情報の検証や管理徴収の強化を実現することができるだけではなく，関係政府部門（例えば，統計部門，税関，不動産管理部門，外貨管理部門など）の外部システムにあるデータ（以下，「ビックデータ」という）を活用することにより，事実に伴わない申告をした個人を特定することが重要になります。過少申告の疑いのある納税義務者に対して税務調査を行うことによって，個人所得税の税収確保が期待されるからです。

(5)　個人の信用評価

　個人所得税の管理徴収の推進手段のもう1つは，中国政府が2013年から構築した個人の社会信用システムです。

　中国の国務院（日本の内閣に相当する政府機関）が発行した全体的な「社会信用システム構築の計画概要（2014－2020）」の方針に基づき，中国最高裁判所は「最高人民法院による債務不履行者リストの情報公開に関する若干の規定」を公布しました。ここでいう「債務不履行」とは，借金を返済しないことや，商品の購入代金を払わないことだけではなく，税金等を支払わないことも含まれます。

　その規定の第4条により，債務不履行により信用を失った人物のリストの情報には，以下が含まれます。

⑴　債務不履行者である法人その他の団体の名称，組織コード，法定代表者又は担当者の氏名
⑵　債務不履行者である自然人の氏名，性別，年齢，身分証明書番号
⑶　有効な法的文書によって決定された債務・義務及び債務不履行者の履行状況
⑷　債務不履行者の債務不履行の具体的な状況
⑸　根拠資料の作成者及び文書番号，執行事件番号，申立ての時期及び執行裁判所
⑹　その他，人民法院が記録・公開すべきと考える事項で，国家機密，商業機密，個人のプライバシーに関わらないもの。

　裁判所は，債務不履行者のリストを公表し，だれでもインターネットで検索できるようにしました。

　また，裁判所はこれらの債務不履行者のリストを，関連する政府部門，金融規制機関，金融機関，行政機能を担う機関，業界団体に通知し，関連法令及び規定に基づいて，政府調達，入札・決裁，行政承認，政府支援，融資・信用，市場参入，資格認定などの面で制限し，又は罰則を課すことができるようにしました。具体的には次のような対応がとられています。

(a)　特定の産業やプロジェクトへの関与の制限

　　具体的には，金融会社設立の制限，社債発行の制限，適格投資家の枠の制限，エクイティ・インセンティブの制限，新株発行・上場譲渡の制限，社会的組織の設立の制限，政府の投資プロジェクト及び主に金融資金を使用するプロジェクトへの参加の制限など。

(b)　政府による支援・補助の制限

　　具体的には，政府の補助金を得るための制限，政策的支援を得るための制限。

(c)　就任制限

　　上場会社の重要ポジションの就任資格の制限，国有企業の上級幹部の就任制限，機関の法定代理人としての活動の制限，金融機関の上級管理職の就任制限，社会的団体の長の就任制限，公務員としての採用（雇用）の制限など。

(d)　入札参加資格の制限

　　具体的には，税関の認証制限，医薬品，食品などの産業への従事の制限，不動産・建設企業の資格制限。

(e)　名誉と信用制限

　　具体的には，政府からの名誉の付与制限，弁護士資格の制限，融資枠の制限。

(f)　特殊市場参加制限

　　具体的には，不動産や国有資源の市場への参加・入札の制限。

(g)　高額消費及び関連消費の制限

　　電車や飛行機の利用制限，ホテルやレストランでの宿泊の制限，高額消

費の旅行制限，高額塾への通塾の制限，保険の加入制限，住宅の新築・増
改築内装などの制限。

(h)　入出国の制限

(i)　日常的な監督・検査の強化

などなど。

つまり，税務局は，無申告や過少申告した納税者に対して，裁判所に財産の
差し押さえだけではなく，信用喪失者に判定するよう申請することができるよ
うにすることで，税収を確保する有力な手段を得ました。

第5章

資産税

中国には，日本の相続税及び贈与税に相当する税金はありません。中国の契税は日本の不動産取得税に相当する税金であり，税率は3％から5％となります。また，日本の固定資産税に相当する税金として，土地にかかる城鎮土地使用税及び建物にかかる房産税があります。さらに，土地建物の譲渡益に対して，通常の企業所得税又は個人所得税以外に，30％から50％に相当する土地増値税が課税されます。

1　相続税・贈与税

　中国には，相続税及び贈与税はありません。また，現時点において導入される予定もありません。

2　不動産取引に関連する税金

　土地，建物などの不動産の取得，保有及び譲渡に関する税金を日中で比較すると次のとおりです。

(1)　概　要

	日　本	中　国
取　得	不動産取得税	契　税
	消費税	増値税及び附加税
	登録免許税	―
	印紙税	印花税
保　有	固定資産税と都市計画税	土地使用税と房産税
	償却資産税	―
譲　渡	法人税又は所得税	企業所得税又は個人所得税
	消費税	増値税
		土地増値税
	印紙税	印花税

　本章においては，主に日本の不動産取得税，固定資産税及び償却資産税について中国と比較します。

(2)　不動産取得税と契税^{ケイゼイ}

　中国の契税は日本の不動産取得税に類似する税金です。中国国内において土地，建物に関する権利を取得する団体及び個人は，契税の納税義務者になります。

　ただし，契税の根拠法令は全国人民代表大会（日本の国会に相当する政府機関）の常務委員会で可決された「契税法」であるため，日本のような都道府県が管理徴収する地方税ではなく，国が管理徴収する国税であることに留意が必要です。

①　契税の納税義務者及び課税対象

●納税義務者

　先述のとおり，中国国内において土地，建物に関する権利を取得した団体及び個人は，契税の納税義務者になります（契税法第1条）。

　中国の契税法に規定する「土地，建物に関する権利」は，具体的には土地使用権と建物の所有権（以下，「土地建物等」という）をいいます。

●課税対象

　土地建物等の取得とは，下記の行為をいいます（契税法第1条，財政部・税務総局公告2021年第23号[5]）。

・土地使用権の払下げ
・土地使用権の移転，譲渡・贈与及び交換を含む
・建物の売買，贈与，交換

　また，次に掲げる行為により土地建物等を取得した場合も，契税の課税対象になります。

・現物出資
・債務弁済
・非営利目的等の使用を目的とする無償譲渡
・奨励金としての交付
・共有不動産の持分割合の変化
・共有者の増加又は減少
・人民法院，仲裁委員会の判決等による土地建物等の移転

②　課税標準（契税法第4条，財政部・税務総局公告2021年第23号）

　契税の課税標準は，次頁表に掲げる価格とします。

5　「契税法のいくつかの事項の執行標準の実施に関する公告」

	分　類	課税標準
1	土地使用権の譲渡，建物の売買	契約金額 （金銭，現物，経済的利益を含む）
2	土地建物等の交換	交換される土地建物等の価格との差額
3	土地建物等の贈与及び無償譲渡	所轄税務機関が市場価格を参照して査定した金額

③　税率（契税法第3条）

契税の税率は3％〜5％となります。

具体的な適用税率は，省，自治区，直轄市人民政府により，その地区の実際状況に基づいて決定することができます。

④　減免措置

次に掲げる行為により土地建物等を取得する場合，契税は免除されます（契税法第6条，財政部・税務総局公告2021年第23号）。

・　国家機関，社会団体等が取得する土地又は建物で事務，教育，医療，科学研究及び軍事施設に使用する場合
・　非営利目的の学校，医療機関，社会福祉機構が譲り受ける土地建物等で，事業，教育，医療，研究，介護，救助の目的に使用する場合
・　山，谷，丘，水辺等で荒地の土地使用権を取得して，農・林・牧・漁業生産に使用する場合
・　婚姻関係が存続する期間中における夫婦間の所有者変更
・　法定相続人が土地建物等を相続する場合
・　法律の規定により，免税措置を受ける中国にある外国の大使館，領事館，国際機関の駐在員事務所が土地建物等を取得する場合
・　2023年12月31日までに行われた企業の合併，分割，組織変更，破産等により土地建物等を取得し，かつ，一定の要件を満たした場合（財政部税務総局公告2021年第17号）

　上記免税措置以外に，財政部　税務総局公告2021年第29号の規定により，個人が購入する住宅に対して，１％から２％までの優遇税率が適用されます。また，政府による収用，不可抗力による住宅の減失などの場合でも，免税又は減免を受けることもできます。

⑤　納税義務の発生及び納税期限（契税法第９条，第10条）

　契税の納税義務は，土地建物等の移転契約を締結した日，又は納税者が土地建物等の移転契約の性質を有する証憑を取得した日に成立します。

　その場合，契税の納税期限は次に掲げる期日となります。

	分　類	期　日
1	登記手続きが必要な場合	土地建物等の権利登記手続きを行う日までに
2	登記手続きが不要な場合	納税義務成立日から90日以内に

⑥　日中比較

　中国の契税と日本の不動産取得税の比較をまとめると次のようになります。

	日本の不動産取得税※1	中国の契税
納税義務者	日本において土地や家屋の購入，贈与，家屋の建築などで不動産を取得した者	中国国内において土地建物等を取得した団体及び個人
税額計算	**税額＝評価額×税率**	**税額＝契約金額×税率**
税　率	土地：３％ 家屋（住宅）：３％ 家屋（非住宅）：４％	３％～５％ ※税率は所在地域によって異なる
減免措置	一定金額6以下の不動産の取得 令和６年３月31日までに取得する宅地等は1/2	詳細は前記④減免措置
申告・納税	取得した日から30日以内に申告し，所轄機関から受け取った納税通知書の記載する期限までに納税	権利登記手続きを行う日までに，又は契約等を締結した日から90日以内に
納税方式	賦課決定	自主申告

※１　東京都の規定を基準とします。

6　土地については，10万円未満，建物については，新築や増改築は23万円未満，その他は12万円未満。

そうだったのか13
土地使用権は減価償却してよいのか？

　ある日本の税理士のお話です。この税理士が，顧問先である日本法人の中国子会社の財務諸表をチェックしていたところ，無形資産の金額がとても大きかったので，経理担当者にその理由を聞きました。

　返ってきたのは，「先生，あれは中国子会社が数年前に購入した土地です」という回答でした。この税理士はびっくりしました。経理担当者に「どうして土地が無形資産なのですか？」とさらに質問したら，「50年間の借地権なので，毎年減価償却しています」と言われました。

　中国の「土地管理法」第２条の規定は，中国の土地の所有権について，都市の土地は国民（全民）所有制，農村の土地は農民集団（農民集体）所有制としています。企業・個人が売買できるのは，土地の所有権ではなく，土地使用権となります。

　土地使用権は，言葉のとおり，土地を使用する権利であり，日本の借地権に類似します。その使用の用途に応じて，期限は異なります（「城鎮国有土地使用権の払下げ及び譲渡の暫定条例」第12条）。

	用　途	使用期間
1	居住用	70年
2	工業用	50年
3	教育，科学技術，文化，衛生，体育用	50年
4	商業，観光業，娯楽業用	40年
5	総合又はその他	50年

　よって，土地使用権を取得する企業は，当該土地使用権を無形資産として計上し，定額法により上表の使用期間にわたって減価償却をしなければなりません。

　一見合理的にみえますが，「土地使用権の使用期間が満了したら，国に返上しなければならない」を前提においた会計処理となることに問題がありそうです。しかし，本当にそうでしょうか？

　2021年１月１日から施行された中国の「民法典」の第359条により，住宅建設用地の土地使用権期間が満了した場合，使用期間が自動的に更新されます。土地使用権者は更新料を支払うか，あるいは減免されます。非住宅建設用地の土地使用権期間が満了した場合，法律等に基づき処理しなければなりません。

　では，はたして日本企業はその中国子会社が保有している土地使用権の期間満了後，継続して使用できるのでしょうか？　そして，継続使用をするために更新料を払う必要はあるのでしょうか？　国レベルの法律には明文の規定がないため，各地方政府の規則又は運用実務を参考にするしかありません。

　2004年，深圳市政府は「深圳市の使用期間満了不動産の更新に関するいくつかの規定」を公布し，土地使用権の更新料として「基準地価の35％」を徴収すると規定しました。2016年に浙江省温州市にも住宅の土地使用権の期間が満了する事例があり，温州市政府が要求した更新料の金額が土地時価の3分の1に達し，あまりにも高額だったため，更新の合意に至りませんでした。

　2016年4月19日，深圳市計画土地資源委員会は「市内の土地使用権更新の関連規定に関する説明」を発表し，1995年9月18日以前に深圳市計画土地局と土地使用権契約を締結した者の土地使用権は，国の最高法定使用年数まで更新され，土地保険料を支払う必要はないと規定しました。しかし，1995年9月18日以降に土地使用権付与契約を締結した者の土地使用権の更新方法と更新料の支払いの要否について，市政府は専門家にリサーチを依頼し，現時点ではまだ結論は出ていません。

　日本企業にとって，40年間の商業用地及び50年間の工業用地の期間満了はまだまだ先にあるように思われますが，土地使用権の売り手から一部使用期間が経過した，いわゆる「中古」の土地使用権を購入した中国子会社もいます。その行方を注目していきたいと思います。

(3)　固定資産税等と房産税等

　中国国内の都市，県・鎮（日本の郡・村に相当する）及び工鉱区（以下，「都市等」という）において，土地使用権を有する者に対して，城鎮土地使用税が課税されます。また，都市等において建物を有する者に対して，房産税が課税されます。城鎮土地使用税及び房産税は，日本の固定資産税及び都市計画税に類似する税金です。

　なお，中国には，減価償却資産に対して課税する日本の償却資産税のような税金はありません。

①　土地使用税

●納税義務者

　中国国内の都市等において土地を使用する団体及び個人は，土地使用税の納税義務者となります。

●税金計算

　土地使用税は次の算式により計算されます。

税額＝土地面積×次表の平米当たり年税額

	分　類	基準※1	平米当たり年税額※2
1	大都市	人口＞50万	1.5元～30元
2	中等都市	50万≧人口＞20万	1.2元～24元
3	小都市	人口≦20万	0.9元～18元
4	県，鎮，工鉱区	―	0.6元～12元

※1　中国の「都市計画条例」第2条
※2　具体的な平米当たり年税額は，所轄地方政府が状況に応じて決定することができます。

●減免税

次に掲げる土地は，土地使用税が免除されます。

(i)	国家機関，人民組織，軍隊の自己使用のための土地
(ii)	国家財政が経費負担をする団体の自己使用のための土地
(iii)	宗教寺院，公園，観光古跡の自己使用のための土地
(iv)	市街地，広場，緑地等の公共用地
(v)	農業，林業，畜産業及び漁業の生産のために直接使用される土地
(vi)	許可を得て，埋立地や再生された廃棄土地（使用月から起算し5年から10年の間，土地使用税が免除される）
(vii)	エネルギー，交通，水利施設のための土地，その他財政部が定めた免税土地

●申告・納付

　土地使用税の申告及び納付は，その土地所在地の所轄税務機関にて行われます。例えば，北京の場合，納税義務者は土地使用権を取得した月に北京税務局の電子申告システムで申告し，その後毎年4月に一括納付又は4月及び10月の2回に分けて分割納付しなければなりません。

②　房産税

●納税義務者

　中国国内の都市等において建物を有する者は房産税の納税義務者となります。

　ここでいう「建物」とは，屋根と壁又は柱を持つ不動産をいい，人の生産や生活及び物品等の保管などのために保有する場所をいいます。建物と分離のできない冷暖房設備，換気照明設備，エレベーターや電気通信用の配管などのような建物附属設備は房産税の課税対象に含まれます。

　ただし，塀，煙突，給水塔，変電所，屋外プール，オイルやガスのタンクなどの建物と独立した構築物は，房産税の課税対象になりません。

●税金計算

　房産税額は，次の算式により計算されます。

・自己使用の建物

$$年税額 =（建物の取得原価 - 控除額^{（※）}）\times 1.2\%$$

※控除額 = 建物の取得原価 × 10% ～ 30%

・賃貸用の建物

$$年税額 = 建物の賃貸収入 \times 1.2\%$$

●減免税

次に掲げる建物は，房産税が免除されます。

(i)	国家機関，人民組織，軍隊の自己使用のための建物
(ii)	国家財政が経費負担をする団体の自己使用のための建物
(iii)	宗教寺院，公園，観光古跡の自己使用のための建物
(iv)	個人が保有する非事業用の建物
(v)	財政部が定めたその他の免税建物

●申告・納付

房産税の申告及び納付は，その建物所在地の所轄税務機関で行われます。例えば，北京の場合，納税義務者は建物を取得した月に北京税務局の電子申告システムにて申告し，その後毎年5月に一括納付又は5月及び10月の2回に分けて分割納付しなければなりません。

先述のとおり，中国の土地使用税及び房産税は日本の固定資産税及び都市計画税に相当する税金ですが，その比較をまとめると次のとおりになります。

	日本の固定資産税※1	中国土地使用税及び房産税
納税義務者	1月1日現在，土地，家屋及び償却資産の所有者として，固定資産課税台帳に登録されている者	中国国内の都市等において土地を使用している者 中国国内の都市等において建物を有する者
税金計算	土地又は建物の課税標準額（評価された金額）×（1.4％＋0.3％）	土地：土地面積×平米当たり年税額 建物：（取得原価 - 控除額）×1.3％又は賃貸収入×12％
申告・納税方式	賦課決定 一括納付又は4回分割	自主申告 一括納付又は2回分割

※1　土地計画税を含み，税金計算方法は東京都の規定を基準とします。

⑷　土地増値税

　地価の高騰を背景とする土地投機を抑制するために，土地の譲渡益課税を重くする税制が設けられる場合があります。

　日本においては，1973年に創設された土地重課制度が1998年まで適用され，個人の不動産業者等が短期所有（５年以下）の土地を譲渡した場合の事業所得等に対して，譲渡益の40％に相当する所得税及び12％に相当する住民税を課し，法人の土地譲渡益に対する税率を，短期所有（５年以下）の土地について10％，長期所有（５年超）の土地について５％を上乗せして課税していました。

　中国には，不動産の譲渡益に対して，通常の企業所得税又は個人所得税以外に，土地増値税という税金が上乗せして課税されます。

①　納税義務者

　国有の土地使用権，建物及びその附属設備（以下，「不動産」という）を譲渡して収入を取得した団体及び個人は，土地増値税の納税義務者となります。

②　税金計算

　土地増値税額は次の算式により計算されます。

$$土地増地税＝（不動産の譲渡収入－取得費等）×適用税率$$

　取得費等は次に掲げるものを含みます。

- ・土地使用権を取得するために支払った金額
- ・土地開発のための原価及び費用
- ・新築建物及び附属設備の原価及び費用又は旧建物や構築物の見積残存価額
- ・不動産の譲渡と関連する税金
- ・財政部が規定するその他の控除項目

土地増値税は4段階の超過累進税率を適用しています。

	分　類	適用税率
1	譲渡益が取得費等の50%以下	30%
2	譲渡益が取得費等の50%超，100%以下	40%
3	譲渡益が取得費等の100%超，200%以下	50%
4	譲渡益が取得費等の200%超	60%

③　減免税

次に掲げる場合，土地増値税は免除されます。

・一定の要件を満たす住宅の譲渡のうち，譲渡益が取得費等の20%以下の場合

・法律により国家建設のために不動産が収用又は回収された場合

④　申告・納付

納税義務者は，不動産譲渡契約を締結してから7日以内に不動産の所在地の所轄税務機関に申告し，税務機関の指定する期限までに税金を納付しなければなりません。

3　資産評価

日本の不動産や株式の価値を評価する際，資産の種類や取引の目的によって，評価方法は大きく異なります。例えば，独立第三者間の不動産売買については，実勢価格（時価）が基準とされるでしょう。

一方，対価のない相続や贈与については，財産評価基本通達に規定される評価方法が採用されます。さらに，不動産取得税や固定資産税の課税標準となる土地建物の評価は公示価格を参考にします。

中国には，相続税及び贈与税がなく，財産評価が必要ないと思われますが，そうではありません。中国では，国有資産の売買や現物出資などの取引について，独立した評価機関から評価報告書の取得を義務付ける「国有資産評価管理弁法」という法令があります。また，企業が合併・分割などの組織再編をする際に，譲渡益に対する税金の繰延べ，いわゆる適格組織再編税制を適用するために，財産評価報告書の提出も必要となります。

(1)　中国の資産評価機関

　日本では，不動産鑑定士を除き，財産の評価をする専門機関は特別の資格やライセンスを取得する必要はありません。

　中国では，依頼を受けて財産の価値を評価し，評価報告書を発行できるのは，「資産評価師」という資格をもっている専門家でなければなりません。これらの資産評価師が集まった集団は，「○○資産評価有限公司」が付いた法人（以下「評価公司」という）となります。評価公司は評価できる資産の種類によって，次に掲げるライセンスを取得する必要があります。

	ライセンス	評価資産	管轄政府機関
1	証券業評価資格	金融証券市場における取引の対象となる資産	財政部及び中国証券監督管理委員会（CSRC）
2	資産評価資格	上記1以外の取引の対象となる資産	財政部又は各省の財政部門
3	不動産評価資格	土地使用権，建物及び附属設備	建設部
4	土地評価資格	土地使用権	国土資源部
5	鉱業権評価資格	鉱業権	国土資源部

　上表のうち，1の証券業評価資格は一番ランクが高く，2の資産評価資格は不動産だけではなく，無形資産や株式などの評価もできます。

(2)　不動産の評価

　ここで土地使用権及び建物の評価方法について紹介します。

①　土　地

　前述のように，中国の土地は国が保有しているため，企業や個人が所有できるのは一定期間の土地使用権です。企業は取得した土地使用権を無形資産として計上し，商業用の場合は40年，工業用の場合は50年の耐用年数で定額法により償却することになります。

なお，日本及び中国の税務目的の宅地評価方法を比較すると次のようになります。

評価目的	日　本	中　国
資産税^(※) 課税	路線価方式 倍率方式	・市場法 ・収益法
固定資産税課税	公示価格方式	・原価法 ・仮定開発法

※　資産税は，相続税及び贈与税，譲渡所得等に対する所得税，グループ内取引の譲渡益に対する法人税を指します。
※　東京都の場合，住宅用地の課税標準は時価公示価格（標準価格）の6分の1又は3分の1，商業地等の課税標準は時価公示価格（標準価格）の65％から70％になります。

以下では，上記表の中国の宅地の評価方法を詳しく解説します。

●市場法

市場法とは，評価対象の土地使用権（以下「評価対象資産」という）を同様又は類似する土地使用権（以下「類似資産」という）の市場価格と比較し，類似資産の市場価格に適切な補正を加えて評価する方法です 具体的な手順は以下のとおりです。

Step1　類似資産の選定

市場調査を行ったうえで，直近の同様の取引又は類似の地目分類，立地条件及び使用用途の土地使用権の売買取引を複数（例えば3つ以上）選定し，その類似資産の平米単価を計算します。

Step2　係数修正調整

評価対象資産の取引状況，取引時期，立地や方向，インフラ環境等の個別要素の相違に基づき，次の算式により類似資産の基準価格を修正します。

基準価格＝類似資産の価格×（A）取引状況補正係数×（B）取引時期補正係数
×（C）不動産条件補正係数

A取引状況補正では，類似資産の取引状況を分析し，評価対象資産の価格に対する各種特殊要因の影響を排除します。例えば，類似資産が汚染された土地であり，売買価格が除染費用を考慮した場合などが該当します。

　B取引時期補正では，不動産価格指数の変動率を用いて，類似資産の取引日が評価対象不動産の価格に与える影響を分析・算定し，評価対象資産の評価額を評価基準日の価格に補正します。

　C不動産条件補正では，立地条件，交通，インフラ，周辺環境などの地域要因の補正，使用年数，共有物件の持分割合，担保権の設定などの保有条件の補正など，評価対象資産の価格を修正します。例えば，すでに20年間使用した工場用土地の使用権の平米単価は，類似資産の平米単価の5分の3に調整するなどの修正を行います。

Step3　最終評価額の算出

　修正した類似資産の平米単価に評価対象資産の面積や数量を乗じて，評価対象資産の最終評価額を算出します。

●収益法

　評価対象資産が賃貸用などの収益物件である場合，収益法が採用されることがあります。収益法とは，投資物件から将来得られる収益額の価値を「現在の価値」に換算する，いわゆるディスカウント・キャッシュフロー法（以下「DCF法」という）を指します。

●原価法又は仮定開発法

　原価法又は仮定開発法とは，評価基準日に評価対象資産と同様又は類似する資産を購入又は開発する場合，支払うべき原価・費用の金額，いわゆる再調達原価を基準に評価する方法です。

　実務上，各地方政府はその所轄地域内の土地使用権について，地目，場所，用途等に応じて基準地価を公表していることが多いです。その基準地価を基準に評価対象資産を評価することは一般的と言えるでしょう。近年，多くの地域の基準地価が上昇し，土地使用権の評価益が出る場合は多いです。

②　建　物

　日本と同様，中国の企業はその取得する建物及び附属設備を固定資産として計上し，法定耐用年数の間，定額法により減価償却をすることになっています。ただし，中国の企業所得税法上，建物及び附属設備は構造や使用用途と関係なく，耐用年数は一律20年間となります。

　ここで，日本と中国の税務目的の建物の評価方法について比較すると次のようになります。

評価目的	日　本	中　国
資産税(※) 課税	固定資産税評価額と同じ	・市場法
固定資産税課税	課税台帳に登録されている価格（再建築価格方式）	・収益法 ・原価法 ・仮定開発法

※　資産税は，相続税及び贈与税，譲渡所得等に対する所得税，グループ内取引の譲渡益に対する法人税を指します。

　中国の建物の評価方法は土地使用権と同様になります。「国有土地上の建物収用評価弁法」第13条は，国又は地方政府が国有土地の上にある建物を収用する際，評価対象建物の所在する地域の不動産市場の状況に基づき，市場法，収益法，原価法及び仮定開発法を総合分析したうえで，１つ又は複数の方法を採用し，評価対象建物を評価しなければならないと規定しています。

　また，同条では，評価対象建物と類似する資産が売買された場合には市場法を選択すべきであり，評価対象建物が収益物件である場合には収益法を選択すべきであり，評価対象建物が建設中である場合には仮定開発法を選択すべきであると規定されています。２つ以上の評価方法が適用できる場合には，２つ以上の評価方法を選択し，その評価結果を確認・比較したうえで，評価額を合理的に決定しなければなりません。

　なお，実務上，企業の建物と同様又は類似する売買実例は少なく，評価基準日に購入又は建設した場合の原価及び費用を参考に，いわゆる原価法を用いて評価することが多いです。近年，建設資材や人件費が上昇したことと，建物の経済使用年数が税法上の耐用年数である20年より長いことから，建物の評価益

が出るのは一般的といえるでしょう。

(3)　非上場会社株式の評価

①　評価手法

中国の非上場会社の株式又は事業価値を評価する場合，評価対象会社又は事業が継続事業であれば，市場法，収益法及び原価法の３つの評価方法から，２つ以上の方法を選択して評価しなければなりません（資産評価執業準則―企業価値第17条，第18条）。

市場法は，上場会社比較法と取引事例比較法に分類されますが，いずれも評価対象企業と同様又は類似の株式の市場価格，取引価額を参照する方法です。日本では一般的にマルティプル法や類似取引比較法等として認識されています。

収益法には，DCF法と配当還元法（股利折現法）があります。DCF法は評価対象企業の将来収益を適切な割引率で現在価値に計算し直す方法であり，日本のDCF法と同様な考え方を採用しています。配当還元法は，評価対象企業の将来利益分配予定額を適切な割引率で現在価値に計算し直す方法であり，支配権を保有しない少数株主の株式評価に採用されるケースが多いです。

原価法とは，評価対象企業の評価基準日における資産・負債の合理的な時価を用いて企業価値を算定する手法であり，資産・負債には簿外の資産・負債も含まれます。原価法は，日本の時価純資産法と同様な考え方が採用されています。

上記の基本的な評価方法以外に，清算価格法，その他国務院国有資産管理行政主管部門が規定した方法（「国有資産評価管理弁法23条」）が規定されています（資産評価執業準則―企業価値第20条，第30条，第35条）。

②　税務目的の評価

中国には相続税及び贈与税がありませんが，企業に関連する税務目的の評価については，グループ内組織再編に伴う特殊税務処理の申請や中国子会社の株式を譲渡した際に生じる，中国源泉譲渡益課税の算定を主たる目的とすることが多いです。

　下表は日本と中国の税務目的の評価方法を比較したものです。

	日　本	中　国
大企業	類似業種比準方式	①市場法
中企業	類似業種比準方式と純資産価額方式を併用した方式	②収益法 ③原価法 ④清算価格法
小企業	純資産価額方式	⑤その他国務院国有資産管理行政 　主管部門が規定した方法

　中国では，税務目的であっても，継続事業を前提とすれば，①市場法　②収益法と③原価法の３種類の評価手法から，２つ以上の方法を選択して評価しなければなりません。

　2010年12月に，大連国税局が，外国法人Ａ社が2008年に行った再編において，Ａ社グループの中国子会社Ｂ社株式が譲渡されたものとみなして，その譲渡益に対して企業所得税1,100万元（２億２千万円相当）の追徴課税を課した調査事例がありました。Ａ社は企業所得税の申告上，ほぼ簿価に等しい価額で譲渡したため，譲渡益が生じないと主張しましたが，国税局はＢ社株式についてDCF法を用いて再評価し，申告漏れを指摘しました。

　この課税事案をリーディングケースとして，以後は，税務目的の評価においても，DCF法が採用されることが一般化しました。

第6章

香港の税制及び
クロス・ボーダー組織再編

多くの日本企業は，中国やアジアにおける多数の事業会社を統括するために，香港又は中国大陸に地域本部を設立しています。本章は，日本・香港・中国のこの40年間の歴史を振り返って，税制及び租税条約等の制度概要と実務問題について解説します。

1　香港活用の歴史

　中国本土で事業を展開する日本企業は，20世紀から長きにわたって香港を活用する場面が多くありました。そして，21世紀に入り，香港を活用したビジネス・モデルは時代の変遷に伴い変化しています。

(1)　2000年代中盤まで

　「世界の工場」として経済発展を遂げてきた中国が，「世界の市場」として注目されるようになったのは，2001年11月の世界貿易機関（WTO）加盟以後です。それ以前においては，1979年に最初に経済特区として指定された都市は，広東省の深圳，珠海，汕頭，福建省の厦門がありました。

　日本企業がこれらの街がある広東省・福建省地域へ投資する際に，香港はゲートウェイ（玄関）として極めて重要な地位を占めていました。日本企業のこれら地域への投資の具体的な目的は下記のとおりです。

①　来料加工廠

　香港商人は1980年代より中国に進出し始めていましたが，日本企業の中国進出は1990年代の製造業がスタートでした。1990年初期から2000年代初めにかけては，広東省における来料加工工場（来料加工廠）の位置付けで香港を活用する日系企業が多くありました。

　広東の来料加工廠は生産設備だけではなく，原材料及び製品の輸出入に際し，中国の関税及び増値税はすべて免除されます。広東の来料加工廠の加工賃に対しては，中国の企業所得税が課税され，香港子会社の製品販売所得の50％のみに対して香港の利得税が課税されていました。

　つまり，日本企業は，まず香港に子会社（以下，「香港子会社」という）を設立し，その香港子会社に広東で来料加工廠を開設させるというスキームです。香港子会社は生産設備や原材料を無償で広東の来料加工廠に搬入し，加工した製品を輸入すると共に，広東の来料加工廠に加工賃を支払います。

香港子会社と中国来料加工工場設立時のイメージ

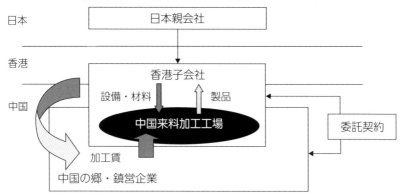

　この独特のビジネス・モデルは，香港商人の生み出した知恵であり，大陸には投資を行わず，委託先工場との取引を通じて，大陸の安価で優良な労働力を活用できました。そして，1990年から2007年，日本企業もこの香港商人が生み出したビジネス・モデルを積極的に利用しました。

　しかし，中国本土の急速な経済発展を背景に，2008年6月及び9月に，広東省人民政府は「生産を停止せずに現住所でモデルチェンジを行うことに関するガイドライン（粤外経貿加字［2008］7号)」及び「加工貿易のモデルチェンジ・レベルアップを促進することに関する若干意見（粤府［2008］69号)」を公布し，4年間の移行期間を設けて，香港法人の来料加工工場の現地法人化を促進しました。

　実際，2015年以降，来料加工工場のライセンスは更新されることなく，すべて中国法人に組織変更されていました。すなわち，従来の出資を伴わないビジネス・モデルから，現地法人設立へと変更したのです。

　②　販売会社設立

　2004年まで，中国本土においては，外資系の販売会社の設立が認められなかったため，日本の企業は香港に販売機能の会社を設立し，当該香港企業を通じて，間接的に中国で販売を行うというビジネス・モデルをとる会社が多かったです。

　日本のメーカーも香港に販売子会社を設立，香港子会社の駐在員事務所を中

国本土に設置し，連絡事務所として利用していました。

　2001年のWTO加盟時の約束を果たすべく，その3年後の2004年に中国商務部は「外商投資商業領域管理弁法（商務部令2004年第8号，以下「8号令」）」を公布し，中国本土でも外資系の輸出又は内販するための貿易会社の設立ができるようになりました。8号令により，中国本土に貿易会社の設立が認可されると，相対的に香港の貿易会社の優位性が減少しました。

　③　CEPAの活用

　そこで対策として出された政策が，2004年1月から，中国本土と香港間で締結された「中国本土と香港の経済貿易緊密化協定（CEPA：Closer Economic Partnership Arrangement）」です。

　CEPAによって，香港からの出資であれば，中国のサービス業に相対的に有利な条件で参入できるようになり，香港を対中投資拠点とする動きが出てきました。

　しかし，中国国務院は2011年，2015年及び2017年に，外資系企業の投資規制を規定する「外商投資産業目録」で相次ぐ規制緩和を行い，CEPAによるメリットは限定的になってしまいました。

(2)　2000年代中盤以降

　①　金融とオフショアセンター

　外貨管理が自由な香港に拠点を持つことで，オフショア取引（インボイス・スイッチ），リベートやコミッションの支払いなどが自由に行えます。よって，「香港拠点が必須ではないが，有ったほうが便利」という位置付けで，縮小しながらも維持している日系企業は多いです。

　また，日系企業だけではなく，香港は中国大陸の企業の新規株式公開（IPO）拠点，オフショア人民元センター，海外投資のハブという位置付けでも重要になってきました。2018年には，香港のIPO調達額は世界1位になりました。デモの激化により，2019年には上場中止・延期が相次ぎ（同年8月の上場は1社のみ），順位の維持が危ぶまれましたが，同年11月のアリババの上場（調達額129億米ドル）により，年間調達額372億米ドルと首位を維持しました。

② アジア諸国の地域統括会社

香港は中国や東南アジアにおける事業会社の地域統括本部（持株会社）としても重要な役割を果たしています。自由な外貨管理制度，キャピタルゲイン・受取配当金非課税等の条件が備わっているため，アジア諸国における子会社同士の「ヒト・モノ・カネ」のハブとして，香港を活用する日本企業は多いです。

日本国内においては，2009年及び2010年に，海外子会社からの受取配当の益金不算入，タックスヘイブン対策税制の見直しなどの税制改正が行われたため，香港の地域統括会社活用メリットが再び出るようになりました。しかし，2017年のタックスヘイブン対策税制の再度改正及び2019年以降の香港の治安問題により，一部の日本企業は香港の撤退及び縮小を行いました。

上述のように，この40年の間にできた，日本・香港・中国の税制及び租税条約は企業のビジネス・モデルに大きな影響を与えてきました。ここからは，香港及び日本，中国大陸の関連税制にフォーカスして，実務事例を用いて日本企業にとっての香港活用の今後のあり方について検討します。

2　香港の税制

香港で事業を行う法人及び法人以外の者が香港で獲得する事業所得に対しては，「利得税」と呼ばれる事業所得税が課税されます。また，香港にある土地建物を賃貸する個人が獲得する不動産所得に対しては，「物業税」と呼ばれる不動産所得税が課税され，個人が香港で就業又は勤務することによって獲得する給与所得に対して「薪俸税」と呼ばれる給与所得税が課税されます。

これらの税金の概要をまとめると，次頁表のとおりです。

税　目	事業所得税	不動産所得税	給与所得税
納税義務者	法人・個人・パートナーシップ，その他団体	不動産所有者	被雇用者
課税範囲	香港で事業を行うことによるすべての香港源泉所得	香港にある土地，建物にかかる賃貸収入等	香港における就業又は勤務による賃金等
税率	法人：16.5% その他：15%	15% （20%所得控除，税額減免あり）	累進税率：2%～17% 標準税率：15% のいずれか低いほう
課税期間	4月1日～3月31日 （法人は事業年度を選択可）	4月1日～3月31日	
申告期限	申告書発行日から1か月（5月初旬） 利得税の場合，申告期限延長可		

　なお，香港には，日本の消費税や関税，相続税及び贈与税のような税金はありません。以下では，香港の各税制について詳しく見てみます。

(1)　事業所得税

　香港で事業を行う法人，個人，パートナーシップ及びその他の団体が香港で獲得する事業所得に対して，事業所得税が課税されます。

①　香港源泉所得

　事業所得税の課税対象となる香港源泉所得とは，香港で貿易，職業，又は事業を行い，当該貿易，職業又は事業から利益を獲得し，かつ，当該利益が香港で発生し又は香港から派生した所得をいいます。

　香港源泉所得の範囲については法律には具体的規定はなく，過去の判例，通達により判断されます。

分　類	基　準	詳　細
1　売買所得	契約の締結にいたる実質的な交渉又は合意が行われた場所	①購入及び販売契約の両者又はいずれか1つが香港内で締結された場合：全額香港源泉所得に該当する ②すべての契約が香港以外で締結された場合：全額香港源泉所得に該当しない

2　製造所得	製品の製造場所	①香港で製品を製造する場合：全額香港源泉所得に該当する ②中国大陸の来料加工廠で製品を製造する場合：50％香港源泉所得に該当する
3　その他所得		①不動産の賃貸料収入：不動産の所在地 ②不動産の譲渡益：不動産の所在地 ③上場株式の売却益：証券取引所の所在地又は売買契約が締結された場所 ④非上場株式の売却益：売買契約が締結された場所 ⑤サービスフィー：関連役務の提供場所 ⑥法人等の特許ロイヤリティ：特許の所有権の取得場所又は使用許諾の場所 ⑦香港に居住しない者の取得する知的財産収入：知的財産権の使用場所 ⑧法人等の貸付利息：貸付者が貸付を行う場所

　上記以外にも，次に掲げる収入は香港源泉所得とみなされ，事業所得税が課税されます。

①	映画フィルム，テレビフィルム，カセット等の香港での上演又は使用から受け取る対価
②	特許権，意匠，商標，著作権，集積回路のレイアウト設計，実演家権利，植物品種権利，秘密工程，方式等の香港での使用又はこれらの使用の権利から受け取る対価
③	香港以外における特許権，意匠，商標，著作権，集積回路のレイアウト設計，実演家権利，植物品種権利，秘密工程，方式等の使用対価で，当該使用する者が香港の事業所得税の申告上損金算入することが確定となったもの
④	実演家の権利の譲渡等に関連する対価のうち，当該実演家の権利が2018年6月29日以降に香港で行われた実演に関連するもの
⑤	香港での事業運営に関連する助成金，手当等の財政援助，資本的項目に該当しないもの
⑥	香港での動産の使用又は権利の使用に関連する賃貸料，レンタル料などの名目で受け取る対価

（注）　下線部分は2018年6月29日以前に受領又は発生した収入には適用されません。

②　非課税所得

　香港では次に掲げる所得は非課税となります。

	分　類	内　容
1	オフショア所得	香港源泉所得以外の所得
2	配　当	①事業所得税を納付した法人等からの配当 ②上記①以外の事業所得税の納税義務者から受け取る課税対象所得からの利益分配
3	利子及び売却益	①納税準備金証明書の利子 ②政府発行の債券の利子 ③特定の長期債（７年超もの）から生じる利子又は売買益 ④事業所得税が免除される適格債券（2018年４月１日以降に発行）の利子又は売却益 ⑤香港の認可機関の預金（1998年６月22日以降に発生）の利子 ⑥2009年10月年度以降の人民元建て国債の利子及び売却益
4	譲渡益	経営活動と関係のない資産等の譲渡益

③　損金算入及び繰越欠損

　事業所得税の計算上，原則として課税収入を獲得するための原価及び費用は損金の額に算入できますが，次に掲げる項目には，特別な規定が設けられています。

	分　類	損金不算入
1	家事費	①家事費及び個人消費目的の費用など，課税所得を獲得するための費用以外の費用 ②経営者（パートナーシップの場合はパートナー）及びその配偶者に支払う報酬，給与及び配当，利子等 ③事業目的に使用されない不動産の賃借料その他の費用
2	譲渡損失，費用	①資産の譲渡損失及び回収損失並びに資産の改良に関連する資本的支出 ②保険又は損害賠償契約により補てんされる費用
3	税　金	すべての税金 （ただし，従業員のために支払う給与所得税を除く）
4	資本的支出	建物の改修費用等
5	寄附金	①政府や公益団体への慈善目的の寄附：100ドル以下の寄附金及び調整課税所得の35％を超過した部分 ②上記①以外の寄附

　また，減価償却については，次のように規定されています。

	分　類	償却限度額
1	工業用建物及び構築物	①特別償却：取得価額×20％（初年度のみ） ②普通償却：取得価額×４％（毎年，特別償却の適用年度を含む） ③その他：残存価額ゼロ，売却損失も損金算入可
2	商業用建物及び構築物	①普通償却：取得価額×４％（毎年，特別償却の適用年度を含む） ②改良支出：5年定額法により償却可 ③その他：残存価額ゼロ，売却損失も損金算入可
3	製造業用機械等	製造業に使用される機械及び工業設備，並びにコンピュータのハードウエア及びソフトウエア：取得時全額損金算入
4	環境保護設備等	①環境保護の機械：支出時全額損金算入 ②環境保護の機器：支出時全額損金算入（2008/2009年度〜2018/2019年度は５年償却） ③環境保護の車両：2011/2012年度から支出時全額損金算入
5	上記以外の機械設備	①特別償却：取得価額×60％（初年度のみ） ②普通償却：定率法（10％，20％又は30％）により毎年償却 ③その他：残存価額ゼロ，売却損失も損金算入可

　さらに，事業に関連して発生した欠損は，金額や期間と関係なく，無制限に繰り越すことができます。

④　税　率

　香港の事業所得税の2018/2019年度以降の税率は下記のとおりとなります。

	分　類	課税所得	税　率
1	法　人	200万HK$以下 200万HK$超	8.25% 16.5%
2	法人以外	200万HK$以下 200万HK$超	7.5% 15%

　外国法人は内国法人と同様に，香港において事業から生じた所得が課税対象となります。

　また，納税義務者が外国法人に対して次に掲げる香港源泉所得とみなされる対価を支払う場合は，16.5％又は15％に相当する事業所得税を源泉徴収しなければなりません。ただし，当該外国法人等が支払者の関連者ではない場合には，対価の30％に相当する金額を課税所得とし，対価の4.95％に相当する事業所得税を源泉徴収することになります。

①	映画フィルム，テレビフィルム，カセット等の香港での上演又は使用から受け取る対価
②	特許権，意匠，商標，著作権，集積回路のレイアウト設計，実演家権利，植物品種権利，秘密工程，方式等の香港での使用又はこれらの使用の権利から受け取る対価
③	香港以外における特許権，意匠，商標，著作権，集積回路のレイアウト設計，実演家権利，植物品種権利，秘密工程，方式等の使用対価で，当該使用する者が香港の事業所得税の申告上損金算入することが確定となったもの
④	実演家の権利の譲渡等に関連する対価のうち，当該実演家の権利が2018年6月29日以降に香港で行われた実演に関連するもの
⑤	香港での事業運営に関連する助成金，手当等の財政援助，資本的項目に該当しないもの
⑥	香港での動産の使用又は権利の使用に関連する賃貸料，レンタル料などの名目で受け取る対価

(注)　下線部分は2018年6月29日以前に受領又は発生した収入には適用されません。

⑤　納税方法及び期限

　香港政府のすべての税金の課税年度は4月1日から3月31日までとなっています。納税義務者には，4月の初めに事業所得税の申告書（法人の場合は「B.I.R.51」（申告書のフォーム名），法人以外の場合は「B.I.R.52」，非居住者の場合は「B.I.R.54」）が納税義務者に送付されます。

　2021/2022年度の申告書を受け取った香港法人は当該申告書に記入し，次に掲げる期日までに決算書及び香港公認会計士が発行する監査報告書を添付して税務局に提出しなければなりません。

分類※	決算日の属する期間	申告期限	電子申告の場合の延長期限
N類	4月1日〜11月30日	2022年6月30日	2022年7月14日
D類	12月1日〜12月31日	2022年8月31日	2022年9月14日
M類	1月1日〜3月31日 欠損年度	2022年11月15日 2023年1月31日	2022年11月29日 2023年1月31日

※　香港の納税義務者はその決算日の属する期間に応じて，N類，D類及びM類に分類されます。

　実務上，日本法人の香港子会社は3月決算及び12月決算が多いため，申告書の提出期限は決算日から約8か月後となります。

　また，日本の法人税と違って，香港法人は申告書の提出期限までに税金を納める必要はありません。税務局は納税義務者が提出した書類に記載された金額等に基づき支払税額と納税日を記載した納税通知書を発行し，納税義務者に送付します。納税義務者は送付された納税通知書の内容及び税額を確認し，異議がなければ，記載された期限までに税金を納付しなければなりません。

　事業所得税は，納付した翌年度から2回に分け予定納税をしなければなりません。1回目は前年の確定税額の納付時に，前年確定税額の75％に相当する金額を支払い，2回目はその約3か月後に残りの25％を支払うことになります。

(2)　不動産所得税及び給与所得税

①　不動産所得税

　香港の不動産所得税の課税年度は事業所得税と同様，毎年の4月1日から3月31日までとなっており，納税義務者は税務局から送付される不動産所得の申告書（法人は「B.I.R.57」，それ以外は「B.I.R.58」）に記入し，税務局に提出しなければなりません。

　税務局は納税義務者が提出した書類に記載された金額等に基づき支払税額と納税日を記載した納税通知書を発行し，納税義務者に送付します。納税義務者は送付された納税通知書の内容及び税額を確認し，異議がなければ，記載された期限までに税金を納付しなければなりません。

　香港において土地の権利又は建物の所有者は，その有する資産を賃貸することによって獲得する不動産所得に対して，不動産所得税が課されます。不動産所得税は次の算式により計算されます。

　　税額＝（賃貸収入－必要経費－標準免税額）×税率（15％）
　　必要経費＝貸倒損失＋不動産関連の租税公課
　　標準免税額＝（賃貸収入－必要経費）×20％

　また，法人が不動産所得を事業所得に含めることを書面により税務局長に申し出た場合は，当該不動産所得に対して事業所得税が課税される一方で，不動産所得税は課税されません。

② 給与所得税

香港における雇用から生じる収入は，どこで役務提供がなされたかにかかわらず，すべて課税対象となります。当該雇用から生じる収入は，賃金給与だけではなく，雇用に起因する退職金や年金（以下「給与収入等」という）も課税の対象となります。

給与所得税額は次の算式により計算されます。

税金＝（給与収入等－人的控除－実費控除）×税率

人的控除には，扶養控除，基礎控除及び障害者控除などの定額控除があります。

実費控除には，介護費用，住宅借入利子，教育費用，退職拠出金や健康保険料，慈善寄附などがあります。

税率は一律15％と次に掲げる累進税率のいずれか低いほうになります。

	年間課税所得（単位　HK＄）	税　率
1	0～50,000	2％
2	50,000～100,000	6％
3	100,000～150,000	10％
4	150,000～200,000	12％
5	200,000～	17％

給与所得税の課税年度は事業所得税と同様，毎年の4月1日から3月31日までとなっており，従業員等を雇用した香港法人は税務局から送付される給与所得の申告書（新規雇用の場合は「I.R.56E」（申告書のフォーム名），退職の場合は「I.R.56F」，海外派遣の場合「I.R.56G」）に記入し，税務局に提出しなければなりません。

税務局は納税義務者が提出した書類に記載された金額等に基づき支払税額と納税日を記載した納税通知書を発行し，納税義務者に送付します。納税義務者は送付された納税通知書の内容及び税額を確認し，異議がなければ，記載された期限までに税金を納付しなければなりません。

香港の給与所得税は日本と違って，雇用する企業は申告書を提出するのみであり，税金を源泉徴収する義務がありません。税金の納付はあくまでも納税義務者である従業員がみずから行うものとなります。

そうだったのか14
香港とグレーターベイエリア

　上述のように，香港の税金は中国大陸よりはるかに安く，外商投資や外国為替法上の規制も少ないです。

　中国大陸は香港から切り離されると，世界経済における競争力を発揮できません。隣接する中国広東省及びマカオと一緒になって，世界に対してアピールすべきであると中国政府は考えています。例えば2017年に竣工した港珠澳大橋は，香港，珠海及びマカオ間の移動時間を大幅に短縮し，グローバル人材にとって，コストの安い珠海で居住し，香港の会社に通うことが現実のものとなりました。

　2019年2月，中国政府は「粤港澳大湾区発展計画綱要」を発表しました。香港・マカオ2つの特別行政区と広東省9都市（広州，深圳，珠海，仏山，恵州，東莞，中山，江門，肇慶）を1つのベイエリア（以下，「グレーターベイエリア」という）として定義付けをし，2035年までに世界一流のベイエリアを目指すことを表明しました。

■グレーターベイエリアの概要

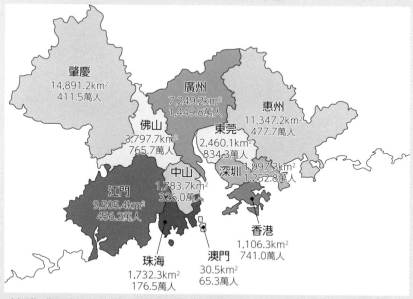

（出所）華夏時報ネット https://www.chinatimes.net.cn//article/84101.html資料を基に著者作成

> 「粤港澳大湾区発展計画綱要」の方針に基づき，珠海市の横琴，深圳市の前海，広州市の南沙地域の地方政府は引き続き優遇政策を打ち出しました。
> 　例えば，珠海市の横琴及び深圳市の前海地区に設立される企業は，企業所得税の優遇政策と優遇目録リストにおける産業を主たる業務とし，かつ，目録に規定される産業の売上高が売上総額の70％以上を占めている場合は，その申告・納付する企業所得税は原則税率の25％から15％に軽減されます。
>
> 　また，グレーターベイエリアで働く海外（香港，マカオ，台湾を含む）高度人材と不足人材に対して，中国本土と香港の個人所得税負担額の差に応じて補助金を支給し，かつ，その補助金に対する個人所得税を免除する優遇税制を発表しました。
> 　さらに，グローバル企業が珠海市の横琴，深圳市の前海，広州市の南沙地域において地域統括本部を設立する場合，地方政府から一時的な奨励金又はオフィス補助金などが支払われることになっています。上記以外に，グレーターベイエリアにおける貨物の輸出入の関税免除も視野に入れて検討されています。

3　日本・中国・香港の租税条約

　企業のグローバル展開に伴い，国家や地域間の二重課税の回避及び脱税の防止のために締結されるのが租税条約です。1983年に，日本と中国の間で締結された「所得に対する租税に関する二重課税の回避及び脱税の防止のための日本国政府と中華人民共和国政府との間の協定」（以下「日中租税条約」という）は，両国にとって初めての租税条約となりました。

　1997年に香港がイギリスから中国に返還されたあと，「一国二制度」政策の下，経済では独立した「香港特別行政区」と中国大陸との間で，国家間の租税条約と同様に二重課税の回避と脱税の防止が必要となりました。1997年に中国大陸との間に「所得に対する租税に関する二重課税の回避及び脱税の防止のための大陸と香港特別行政区との間の取決め」（以下「中港租税取決め」という」）が締結され，1998年1月から発効しました。現在では，2006年に改訂された中港租税取決め及び5つの議定書が有効となっています。

　2010年には，日本と中国の間で「所得に対する租税に関する二重課税の回避及び脱税の防止のための日本国政府と中華人民共和国香港特別行政区政府との間の協定」（以下「日港租税協定」という）が締結され，国会承認等を経て2011年8月に発効しました。

(1)　租税条約の内容比較

　日中租税条約及び中港租税取決め並びに日港租税協定の主要規定，主に各種所得に対する源泉地判断及び課税率※1を比較すると次のようになります。

	日中租税条約	中港租税取決め	日港租税協定
適用税種	（日本）所得税，法人税，住民税 （中国）個人所得税，企業所得税	（中国）個人所得税，企業所得税 （香港）事業所得税，不動産所得税，給与所得税	（日本）所得税，法人税，住民税 （香港）事業所得税，不動産所得税，給与所得税
不動産所得	課　税	同　左	同　左
事業所得	PEあれば課税	同　左	同　左
国際運輸	免　税	同　左	同　左
配当 （親子間配当※2）	10%	10% （持株割合≧25％のときは5％）	10% （持株割合≧10％のときは5％）
利　子	10%	7％	10%
使用料	10%	7％	5％
譲渡収益	課　税	免税※3	免税※4
給与	183日以内免税 （暦年）	183日以内免税	同左
役員報酬	法人あれば課税	同　左	同　左
芸能人及び運動家 （自由職業）	PEあれば課税 又は183日免税	役務提供地課税	役務提供地課税
退職年金等	免　税	同　左	同　左
政府職員	免　税	同　左	同　左
学　生	免　税	同　左	同　左
匿名組合	NA	NA	20%
その他※5	課　税	免　税	同　左

※1　源泉地国課税とは，その所得が発生した国又は地域で課税することをいいます。

※2　親子間とは，親会社が子会社に対する持株割合が10％以上，かつ，6か月以上継続保
　　　有する場合をいう。
※3　不動産，不動産保有会社の株式及び持株割合が25％以上の株式並びにPEに帰属する資
　　　産の譲渡益は源泉地国課税あり。
※4　不動産，不動産保有会社の株式及び，PEに帰属する譲渡益は源泉地国課税あり。
※5　その他とは，租税条約で明記されていない所得のことをいいます。

(2)　租税条約と国内法の適用

　日本国憲法98条2項は，「日本国が締結した条約及び確立された国際法規は，
これを誠実に遵守することを必要とする」と規定しています。つまり，租税条
約の規定は国内法に優先して適用されることになります。

　例えば，日本法人が中国法人に支払う配当については，日本の所得税法の規
定する20％の税率ではなく，日中租税条約の規定する10％の税率を適用するこ
とになります。

　しかし，国内法の規定と条約の規定が異なる場合のすべてにおいて，条約の
規定が適用されるかというと，そうではありません。それは，国内法を適用す
るほうが租税条約を適用するより有利になる場合や，租税条約上課税と規定し
ているが，国内法上非課税とされている場合などが挙げられます。

①　香港法人が支払うロイヤリティ

　例えば，日本法人甲社は香港法人A社と特許の使用許諾契約を締結し，A社
に自社の特許を使用させる代わりに，ロイヤリティ100を受け取ることにして
います。A社は甲社に対して100のロイヤリティを支払う際に源泉徴収すべき
税金について，次の2つのパターンで計算しました。

		パターン1 香港法		パターン2 日港租税協定
		金額・比率	備考	金額・比率
A	ロイヤリティ	100		100
B	課税所得	30	B＝A×30％	100
C	税　率	16.5％		5％
D	税　額	4.95	D＝B×C	5

　上表のように，香港法を適用する場合の税額は4.95であり，日港租税協定を
適用する場合の5より有利になります。

②　日本法人の株式の譲渡

中国法人Ｘ社は日本法人甲社の株式の15％を保有し，このたびその保有する全株式を譲渡しました。

日中租税条約の規定により，株式の譲渡益に対して源泉地課税は認められていますが，日本国内法には持株割合が25％以上の特殊関係株主等のみ税金がかかるため，Ｘ社は日本において申告・納税義務は発生しません。その居住国地である中国においてのみ企業所得税を申告・納付すれば足りることになります。

上記のように，国内法上は非課税とされている所得について，租税条約で課税とされている場合や，国内法上を適用する場合の税金が租税条約を適用する場合の税金より有利な場合において，租税条約の規定を根拠として課税が行われることはありません。

すなわち，租税条約は課税の根拠規範とされることはなく，あくまで課税を制限するものとして機能するといった，課税の制限規範として働くものとされます。この原則はプリザベーション・クローズ（preservation clause）とよばれるものです。

(3)　租税条約濫用の防止

租税条約の主な役割は２つです。１つは二重課税の回避，もう１つは租税回避の防止です。二重課税の回避の措置として，源泉地国課税の減免や，外国税額控除が挙げられます。一方，租税条約の減免措置を悪用する行為を防止するために，特典制限条項などが設けられています。

①　日中租税条約

日中租税条約が締結された1983年においては，日中間の経済活動として日本企業による中国進出は圧倒的に多く，中国企業による日本進出は少なかったです。日本法人に支払う配当，利子及び使用料等について，中国の国内法の税率は租税条約の制限税率と同様10％となっています。

また，日本法人が中国で役務提供をする場合のコンサルPE課税や，法人の株式等を譲渡する場合に獲得する譲渡所得課税，租税条約に明記されていないその他所得に対しても，中国国内法による課税が認められています。よって，日中租税条約を悪用する場面が想定されにくいため，特典を制限する条項は制

定されていませんでした。

　2000年以降は，中国企業による日本進出が急速に増加してきました。中国法人が日本法人から取得する配当，利子及び使用料について，10％の制限税率を適用しても，中国の企業所得税（税率25％）から控除しきれない場合があります。

　通常であれば，中国のビジネス界から二重課税を回避するため，日中租税条約の改正を要請しても不思議ではありませんが，実際このような声はあまり上がりませんでした。その背景には，中国法人が海外に投資又は取引をする場合，香港子会社を経由することが多いことが挙げられます。

　2021年の中国から日本へ投資する金額は次のとおりでした。中国大陸のみの場合は336億円であるのに対して，香港を加えた場合は約40倍の1兆3,521億円に上ります。正確な統計はありませんが，この香港から日本への投資金額に，中国大陸の法人による間接投資が大半を占めると考えられます。

（単位　億円）

中国→日本投資	中国大陸のみ	香港を含む
製造業	39	11,511
非製造業	297	2,010
合計	336	13,521

　中国法人が香港を経由して日本に投資する場合，日中租税条約より有利な日港租税協定を適用できるかどうかが問題となります。

②　日港租税協定

　日港租税協定は2010年に締結され，親子間配当や使用料の源泉税率が5％，特定のものを除き譲渡益が免税になるなど，日中租税条約より優遇されています。このことから，香港に実体のない会社を設立し，日港租税協定の特典を濫用するための防止策が必要となりました。具体的な防止策は次の2つがあります。

●居住者の定義

　日港租税協定第4条は，「香港の居住者」を，次の者と規定しています。

(i)　香港特別行政区内に通常居住する個人（当該個人が，香港特別行政区内に実質的に所在し又は恒久的住居もしくは常用の住居を有し，かつ，香港

特別行政区に人的及び経済的関係を有する場合に限る）

(ⅱ)　香港特別行政区内に一賦課年度中に180日を超えて滞在し，又は連続する二賦課年度において300日を超えて滞在する個人（当該個人が，香港特別行政区に人的及び経済的関係を有する場合に限る）

(ⅲ)　香港特別行政区内に事業の管理及び支配の主たる場所を有する法人

(ⅳ)　香港特別行政区内に事業の管理及び支配の主たる場所を有するその他の者

つまり，香港で設立された法人であっても，香港で事業の管理及び支配をしていなければ，香港の居住者とならず，日港租税協定を適用することができません。

●減免の制限

日港租税協定第26条は，「所得が生ずる基因となる権利又は財産の設定又は移転に関与した者が，第十条2（配当），第十一条2（利子），第十二条2（使用料），第十三条6（譲渡収益）又は第二十一条1（その他の所得）に規定する特典を受けることを当該設定又は移転の主たる目的とする場合には，当該所得に対しては，これらの規定に定める租税の軽減又は免除を与えられない」と規定しています。

日港租税協定は，日米や日英の租税条約のような特典制限条項はありません。あくまでも納税義務者の租税回避の目的の有無によって判定されます。

③　中港租税取決め

中港租税取決め第25条「その他の規定」は，中港租税取決めが各当事者が租税回避（租税回避というか否かを問わない）に関する各国の法律及び措置の適用・実施の権利を損害するものではないと明記されています。

「租税回避に関する法律及び措置」とは，税務上の利益をいかなる他人に供与することを目的とし，又は目的としうる取引，アレンジメントあるいは行為を阻止，防止，回避又は抵抗する法律及び措置をいいます。つまり，租税回避を防止するために，中港租税取決めは，それぞれ中国大陸及び香港の税務当局に大きな裁量の余地を残しました。

中国大陸の会社が香港にペーパーカンパニーを設立し，中港租税取決めの優遇税率を適用するような租税回避行為を防止するために，国家税務総局は2009

年に「租租税条約における"受益者"の理解及び認定に関する通知」（国税函
［2009］601号通知，9号公告の公布により廃止），その後2012年に「租税条約
における"受益者"の認定に関する公告」（国家税務総局公告2012年第30号。9
号公告の公布により廃止）を公布し，さらに，2018年2月に「租税条約におけ
る"受益者"に関する問題についての公告」（国家税務総局公告2018年第9号。
以下「9号公告」という）及びその解説を公布しました。9号公告は中港租税
取決めのみならず，その他中国が締結した租税条約にも適用されます。

　9号公告は，国税函［2009］601号及び国家税務総局公告2012年第30号の一
部を改正し，「所得を取得した当年度あるいは前年度における申請者の居住者
身分を証明できる書類を提出しなければならない」と明確に規定しました。

　さらに，申請者が受益者の地位を有する場合においても，税務局は租税条約
における主要目的テスト（PPT：Principal purposes test）条項，あるいは国
内法の一般的租税回避否認規定（GAAR：General Anti-Avoidance Rule）に
基づき，申請者による租税条約の特典適用を否認することができると規定して
います。

　税務調査の現場においては，9号公告の公布により，租税条約の特典を享受
するための条件が厳しくなったと理解され，形式要件を一層厳密に解釈すべき
だと認識している調査官が多いようです。

　9号公告の規定において，「受益者」とは，所得又は所得から生じる権利も
しくは財産に対して所有権及び支配権を有する者をいいます。租税条約の適用
を申請する者が，以下の状況に該当する場合，「受益者判定に不利な要素」が
あるとされます。

状　況	備　考
① 申請者が所得の受領後12か月以内に，所得の50％以上を第三国（地域）の居住者に支払う義務を有する状況	ここでいう「支払う義務を有する」ことは，支払義務について約定がある場合，及び支払義務について約定がないものの，事実上支払うことになっている場合を含むと解されています。
② 申請者が従事している経営活動が実質的な経営活動を構成しない状況	実質的な経営活動には，実質的な製造，販売，管理などの活動を含みます。申請者が従事している経営活動が実質的な経営活動を構成するか否かの判定は，申請者が実際に担っている機能及び負っているリスクに基づき行うべきであるとされます。 申請者が，株式の投資管理活動を実質的な業務として行う場合には，実質的な経営活動を構成すると認められます。申請者の株式投資管理活動が実質的な業務ではなく，その他の経営活動も活発でない場合，実質的な経営活動は構成されません。
③ 締約相手国（地域）が，関連する所得に対して課税対象に含めていないか又は免税とし，課税対象に含めていても，実効税率が極めて低い状況	
④ 利息の発生と支払いの根拠となる貸付契約以外に，債権者と第三者との間に金額，利率及び締結時期等の面において類似するその他の貸付又は預金契約が存在する状況	
⑤ 特許権等の使用料の対象となる著作権，特許，技術等以外に，申請者と第三者との間に著作権，特許，技術等の使用許諾又は所有権の譲渡契約が存在する状況	

そうだったのか15
租税条約の届出と居住者証明

　香港子会社を経由して中国大陸に投資した日本企業にとって，中国大陸で獲得した利益を回収するには，まず中国大陸の孫会社から香港子会社に配当をさせ，その後香港子会社から日本本社に配当する必要があります。

　このとき，中国大陸の孫会社から香港子会社に支払う配当について，５％の優遇税率を適用するためには，「非居住納税義務者の租税条約待遇の享受の管理弁法」（国家税務総局公告 2019年第35号）第７条の規定により，以下の報告書類及び情報を所轄税務局に提出しなければなりません。

① 　租税条約適用に関する情報報告表
② 　他方の締約国（地域）の税務局に，所得を取得した当年度あるいは前年度における申請者の居住者身分を証明できる書類
③ 　当該所得の取得に係る契約書，協約書，取締役会又は株主総会の決議書，支払伝票等の所有権を証する書類
④ 　配当，利子，使用料の特典条項を適用する場合，「受益者」身分の関連資料
⑤ 　その他納税義務者が租税協定特典条項の条件を満たすことを証明できる資料

　香港の居住者身分を証明できる書類は，香港税務局が発行する「居住者証明」のことをいいます。香港で設立された法人で，香港の事業所得税を申告・納付していることだけでは，香港居住者になりません。実務上，香港税務局は次の要件を総合的に勘案したうえで，居住者証明の発行有無を判断します。
　　・　役員や従業員の有無
　　・　固定した事務所や事業所の存在
　　・　事業所得税法上の課税収入の有無
　　・　株主総会の開催場所
　　・　日常の運営状況
　　・　銀行口座の保有

　香港税務局は申請する者の実態をインタビューや書面質疑などの形で確認し，慎重に審査します。一般的に居住者証明を取得するのに，約３か月の期間を要します。

4　日本企業の中国地域統括会社

　日本企業の中国事業の展開に関して，日本本社が各事業会社を直接統括することは難しくなっています。また，近年たびたび発生する中国子会社の不祥事や会計不正によって，中国の事業会社のリスク管理やガバナンス体制を構築するために，香港又は中国大陸に地域統括会社を設立する動きは加速しています。

　地域統括会社は，香港及び中国大陸の事業会社の「ヒト・モノ・カネ」を統括管理することを目的とし，各事業会社の株式を保有する持株機能を有する「ホールディングス」であるケースと，持株機能を有せず，事業管理機能のみを有するケースに分けられます。

　実務上，香港で設立された地域統括会社には，持株機能及び事業管理機能両方を備えさせることが多いのに対して，中国大陸では，持株機能を有するケースは少ないです。さらに，たとえ「投資性公司」や「管理性公司」又は「多国籍地域本部」のライセンスを取得したとしても，持株機能又は事業管理機能が十分に果たされるケースは少ないです。

(1)　香港の地域統括会社

　香港では外商投資の制限は少なく，持株会社や地域統括会社を自由に設立することができます。しかし，日本法人が中国大陸に投資をする際に，香港を活用するかどうかは，日本の税制改正の影響を受けます。ここでは，日本の海外子会社配当に関する税制や，タックスヘイブン対策税制の改正の歴史及び現状を説明したうえで，香港地域統括会社の活用方法を分析します。

　中国で事業を展開する日本企業にとって，中国大陸で獲得した利益を最大限に回収するために，常に中国大陸に直接投資するスキームと，香港を経由して間接的に投資するスキームを比較・検討するのです。

①　海外子会社配当の益金不算入

　2009年，日本政府は，企業の外国子会社の留保利益を日本に還流（配当）させ，経済の活性化を図るために，一定の要件を満たす外国子会社（株式を6か月以上25％以上継続保有）から受け取る配当金について，95％益金不算入とす

る制度を導入しました。

　この改正前は，中国子会社からの配当を日本親会社の法人税の計算上益金算入するとともに，中国で直接及び間接に納付した税金を日本で外国税額控除することで，二重課税を排除していましたので，中国の税率はさほど気にすることはありませんでした。

　しかし，改正後，中国子会社からの配当の95％は益金不算入となったため，中国の源泉税は大きな税コストとなってしまいました。中国大陸に直接投資した場合，日中租税条約の源泉税率である10％の適用よりも，香港を経由して間接投資した場合，中港租税取決めの源泉税率である５％を適用することができることから香港に地域統括の子会社を設立し，中国に孫会社を設立するスキームが有利ではあります。

　しかし，香港子会社の主たる事業が中国大陸の会社の持分の保有であれば，日本の外国子会社合算税制（以下「タックスヘイブン対策税制」という）が適用されてしまいます。ちょうどそのタイミングで日本のタックスヘイブン対策税制は改正されました。

　②　タックスヘイブン対策税制の改正

　タックスヘイブン（軽課税国）を利用して国際的な租税回避行為を行うことを規制するために創設された制度を「タックスヘイブン対策税制」といいます。

　2010年まで，法人税率が20％未満である香港子会社はタックスヘイブン対策税制の適用対象となり，その利益に一定の調整を加えた金額（以下，「課税対象金額」という）が日本で法人税の課税対象となっていました。

　ただし，租税回避を目的とせず，香港での事業を行うことが目的である会社は，一定の要件（以下，「適用除外条件」という）を満たせば，タックスヘイブン対策税制の課税対象から除外されます。この「適用除外条件」に「事業基準」があります。

　逆にいうとこの事業基準に当たらない「株式の保有を主たる事業」とする会社，すなわち持株会社は，持株会社であるという理由だけで，タックスヘイブン税制の適用があるということです。実際，香港や中国大陸，東南アジアに事業会社の持株機能や事業統括機能をまとめる統括会社を設立した日本企業は，租税回避の目的がなくても，日本のタックスヘイブン対策税制の課税対象に

なっていました。

　こうした状況を踏まえて，日本政府は平成22年度に税制改正を行い，2社以上の被統括会社（持株比率25％以上の事業会社）に対して統括機能を有する地域統括会社は，タックスヘイブン対策税制の適用から除外しました。

地域統括会社のイメージ

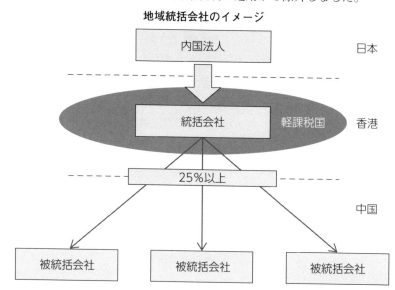

統括会社	一の内国法人によって発行済株式の全部を直接・間接に保有されている特定外国子会社等で，2以上の被統括会社に統括業務^(注)を行い，固定的施設・従事者を有している会社。 ただし，被統括会社株式簿価＞株式簿価×50％の要件あり (注)「統括業務」の解釈 被統括会社との契約に基づいて行う業務のうち，被統括会社の事業の方針の決定に係るもの（当該事業の遂行上欠くことができないものに限る）であって，当該特定外国子会社等が，2以上の被統括会社に係る当該業務を一括して行うことによりこれらの被統括会社の収益性の向上に資することとなると認められるもの
被統括会社	統括会社に発行済株式及び議決権の25％以上を保有されており，本店所在地国において従事者を有する会社。 　2010年のタックスヘイブン対策税制の改正によって，香港子会社に2社以上の中国事業会社の持分を持たせていれば，日本の法人税が課税されない可能性が出てきたため，香港を経由する中国大陸への間接投資スキームは一気に増えました。

③　タックスヘイブン対策税制の再改正（受動所得）

　なお，その後香港の地域統括会社は多くの資産譲渡益やロイヤルティ収入などの所得を獲得しても，適用除外条件を満たし，日本の法人税の課税対象から除外されるという租税回避を防止することができないという指摘がありました。

　かつての「適用除外基準」では，会社単位ですべての所得を合算するか否かが議論となって後に，「統括業務」等の概念を整理することで，軽課税国に「統括会社」を持つことの合理性は認められました。すなわち，配当・利子・使用料などの受動的所得については，統括会社所在地国ではなく，日本で課税するべきであるという指摘です。

　2017年，タックスヘイブン対策税制は再び改正され，経済活動基準や受動的所得の合算などが盛り込まれました。香港統括会社は適用除外であっても，ロイヤルティや株式譲渡益などの受動的所得が日本で課税されるようになりました。

タックスヘイブン対策税制の判定

居住者又は内国法人

同族株主グループ
- 居住者又は内国法人
- 特殊関係者（個人，法人）

居住者，内国法人等が合計で50％超を直接又は間接に保有（実質支配基準と持株割合計算方法の見直し）

外国関係会社（トリガー税率の廃止）

経済活動基準
①事業基準（主たる事業が株式の保有等，一定の事業でないこと）
②実体基準（本店所在地国に主たる事業に必要な事務所等を有すること）
③管理支配基準（本店所在地国において事業の管理，支配及び運営を自ら行っていること）
④次のいずれかの基準
　(1)所在地国基準（主として本店所在地国で主たる事業を行っていること）
　※下記以外の業種に適用
　(2)非関連者基準（主として関連者以外の者と取引を行っていること）
※卸売業，銀行業，信託業，金融商品取引業，保険業，水運業，航空運送業，航空機貸付業の場合に適用

特定外国関係会社（ペーパーカンパニーなど）

すべて満たす → 会社単位の租税負担割合判定 → 20％未満 → 受動的所得の合算税額（対象所得の範囲設定）

いずれかを満たさない → 会社単位の租税負担割合判定 → 20％未満 → 会社単位の合算課税

30％未満 → 会社単位の合算課税

納税義務者

　上記の改正によって，香港地域統括会社の存在意義は再び疑問視されるように
なりました。2019年の香港デモなど，政治的不安定な要素のため，日本企業
は中国の地域統括機能を中国大陸に移管し始めました。

　2021年，日本から中国へ投資する金額のうち，中国大陸のみは1兆495億円
であり，香港を含む中国への投資金額は1兆5,700億円となっています。

（単位　億円）

日本→中国投資	中国大陸のみ	香港を含む
製造業	6,372	10,778
非製造業	4,123	4,922
合計	10,495	15,700

(2)　中国大陸の地域統括会社

　中国大陸における地域統括会社には，株式の保有や投資を主たる事業とする
「投資性公司」及びグループ会社の管理を主たる事業とする「管理性公司」の
2種類があります。日本企業における投資性公司の設立には，3回のブームが
ありました。

①　1回目のブーム（1995〜1996年）

　1995〜1996年の時期に設立された外資系の投資性公司は，「最低登録資本金
3,000万米ドル」という高いハードルをクリアしなければなりませんでした。
それでも投資性公司を設立した主たる目的は，中国国内市場に商品・サービス
を販売する権利，すなわち「国内販売権」の取得でした。

　一方，2004年に「外商投資商業領域管理弁法」が施行され，少額の投資でも
国内販売権が獲得できることとなったため，一時的に設立件数は減少しました。

②　2回目のブーム（2001〜2005年）

　2002年に上海政府が多国籍地域本部の設立を奨励する政策を打ち出しました。
その後，北京や広州など，多くの地方政府も，外資系投資性公司の設立に対し
て，補助金，家賃補助，税金優遇などの措置を講じました。日本企業にとって，
優遇政策を享受するだけではなく，「○○（中国）投資有限公司」という会社
名はグループのレピュテーション向上に大きく貢献したともいえるでしょう。

③　3回目のブーム（2010〜2015年）

日本企業の中国事業の急速な発展に伴い，もはや日本本社が各中国法人を直接統括することは難しくなりました。そこで，中国で持株会社又は地域統括本部を設立し，各事業会社の情報を吸い上げたうえで，日本本社に報告するニーズが高まってきました。

また，2015年に公布された商務部令により，投資性公司の「最低登録資本3,000万米ドル」という規定が削除されましたが，依然として高いハードルが設けられています。ここで，投資性公司及び北京の多国籍地域本部の設立条件を比較してみます。

対象	項目	投資性公司	多国籍地域本部（北京）
当法人	設立形態	外商独資法人※1	外商独資法人※1
			投資性公司，管理性公司等
	最低資本金	なし※2	200万米ドル
(当法人の)投資法人	総資産	①4億米ドル以上※3	4億米ドル以上（サービス業の場合3億米ドル以上）
		②特になし※4	
	傘下子会社等※5	①払込済資本金1,000万米ドル※3	3社以上＋払込済資本金3,000万米ドル又は6社以上
		②10社以上＋払込済資本金3,000万米ドル※4	

※1　外商独資法人は，その出資の100%が外国投資者によって保有されている中国法人です。
※2　商務部令2015年2号令により，投資性公司の最低資本金（3,000万米ドル）は廃止されました。
※3　①又は②のいずれかに該当すればよいが，総資産①と傘下子会社等①を同時に満たす必要があります。
※4　①又は②のいずれかに該当すればよいが，総資産②と傘下子会社等②を同時に満たす必要があります。
※5　投資性公司の場合，投資先である中国法人を指し，管理性公司の場合，事業統括をする中国法人を指します。

上表のとおり，投資性公司又は多国籍地域本部を設立する時点においては，日本親会社はすでに中国に巨額の投資を行ったか又は数社以上の事業子会社等を設立済みであることが要件となっています。これらの設立済みの事業子会社等を，新設した投資性公司の傘下に移管し，投資性公司の持株機能を果たすこ

とが当然に期待されています。

　日本であれば，事業会社の株式を「株式移転」，「株式譲渡」又は「現物出資」などのグループ内組織再編の手法によって，持株会社に移管することができます。

　また，適格組織再編税制を適用して，税金の繰延べを図ることも可能です。一方，中国においては，事業会社の株式等を投資性公司へ移管することは，法務上及び税務上様々な困難があり，多くの日系投資性公司はグループの事業会社の株式を取得できておらず，持株会社としての機能を果たせていません。

　ここで，日本企業が中国投資性公司へ現物増資する事例を取り上げて，税務上の実務問題を説明します。

④　事　例

　日本親会社は，100％子会社である中国投資性公司を設立した後，すでに設立済みの北京A社及び上海B社の持分を投資性公司に譲渡しようとしました。しかし，投資性公司は両社の持分を買い取るための資金を用意できず，現金譲渡ではなく，日本親会社による現物（A社及びB社の持分）増資を受けるスキームを採用することにしました。

　現物増資をする際の各社の資本金，純資産簿価及び時価は下記のとおりです。

投資性公司への現物増資

（単位　百万円）

	資本金	純資産簿価	時価
投資性公司	3,000	3,000	3,000
北京A社	1,000	−500	0
上海B社	1,000	3,000	5,000

【現状】

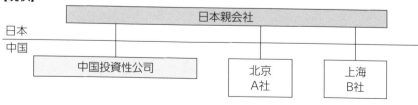

【現物増資後】

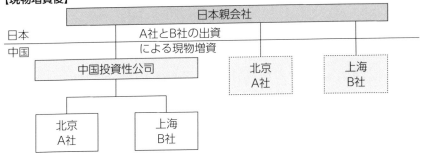

（出所）各種資料を基に執筆者が作成

●**日本において**

　日本親会社が，北京Ａ社及び上海Ｂ社の持分を現物出資することにより取得する投資性公司の持分は，当該取得の時における時価をもって計上し，その時価とＡ社及びＢ社の持分の帳簿価額との差額を譲渡損益として認識し，その譲渡損益に対して法人税を申告・納付しなければなりません。

　よって，北京Ａ社の譲渡損である1,000（単位：百万円，以下同様）と上海Ｂ社の譲渡益である4,000を通算した3,000に対して，約30％に相当する900の法人税が課税されることになります。

●**中国において**

　中国に恒久的施設を有していない外国法人は，その保有する北京Ａ社及び上海Ｂ社の持分を投資性公司に移転することになるため，中国においては，両者の持分を譲渡することによる所得に対して10％に相当する企業所得税を申告・納付しなければなりません。

　よって，上海Ｂ社の譲渡益である4,000に対して，10％に相当する400の企業所得税が課税されることになります。

●**外国税額控除**

　日本親会社にとって，3,000の譲渡益に対して，日本の法人税だけではなく，中国の企業所得税も納付するため，いわゆる二重課税が発生してしまいます。その二重課税を回避するため，日本親会社は日本の法人税を申告する際，外国税額控除を受けることによって，中国で納付した400を日本の法人税から控除

し，ネットである500のみの納付とすることができます。

日本親会社の現物増資による税金関係

（単位 百万円）

	税率	北京A社	上海B社	合計
取得価格		1,000	1,000	2,000
譲渡価格（時価）		0	5,000	5,000
譲渡損益		△1,000	4,000	3,000
中国企業所得税	10%	0	400	400
日本法人税	30%	—	—	900
外国税額控除額				△400
法人税納付額				500

（出所）各種資料を基に執筆者が作成

　日本親会社にとって，従来の中国子会社の持分を新設の投資性公司に移管しただけであり，キャッシュの流入がないにもかかわらず，500の税金が流出してしまうことは，担税力に大きな問題が残ります。したがって，実務上，組織再編税制に規定される適格要件を満たすことによって，免税又は税金の繰延べを検討するのが一般的です。

●組織再編税制の適格要件の日中比較

　日本及び中国のクロス・ボーダー現物出資の適格要件を比較すると下表のとおりです。日本においては持分100％（完全支配関係）の組織再編と100％未満とでは要件が異なります。ここでは，持分100％の場合で比較します。

クロス・ボーダー現物出資の適格要件の日中比較（100％支配関係の場合）

	日　本	中　国
適用法令	日本（法人税法2条の12の14，法人税法施行令4条の3⑩）	中国（財税（[2009]）59号，財税（[2014]）109号，国税総局（[2013]）72号）
再編目的の説明	なし（注1）	課税の回避，免除及び繰延べを主たる目的としないことを文書で説明。
出資法人間の関係	100％グループ関係にある	同左

金銭等交付要件	株式以外の資産が交付されない	持分の支払いは全体取引金額の85%以上
支配関係継続	組織再編前の支配関係の再編後の継続見込	出資後12か月間取得した持分を譲渡しない
出資対象資産	出資資産が外国法人株式の場合，保有割合が25%以上(注2)	出資持分は現物出資対象企業の全持分資産の50%以上
事業継続要件	なし(注3)	再編後の12か月間，買収資産は従来の実質的経営活動に使用されること

(注1) 再編目的が租税回避でないことは日本も同様ですが，再編時に文書での説明も不要です。

(注2) 国内資産を海外に移転することは適格現物出資の対象外となるが，出資比率25%以上の外国法人株式は対象外から除かれるので，適格現物出資の対象となります。

(注3) 持分100%未満のグループ内組織再編では，事業継続要件，従業者引継要件等を満たす必要があります。

(出所) 各種資料を基に執筆者が作成。

●適格組織再編税制の申告実務

　日本法人が適格現物出資をする場合，その法人税申告書に申請する旨を記載し，適格要件を満たす明細資料を添付すればよいのですが，中国では，複雑な手続き及び申請資料が要求されることになります。

　中国の組織再編税制が創設された2009年においては，適格組織再編税制を適用するには，所轄税務当局による事前の審査・許可を受ける「許可制」でした。2013年に，税務手続きの規制緩和が実施され，企業は適格組織再編税制を適用するための書類を作成し，30日以内に所轄税務機関に届け出ることで手続きを完結できる「届出制」に変更され，さらに2015年に，「30日以内」という届出期限も撤廃されたため，従前よりは柔軟な制度になっています。

　しかしながら，今なお「届出制」であるため，企業は所轄税務機関に適用申請を提出し，所轄税務機関は受理してから30営業日以内に届出事項について調査・確認を行い，処理意見を提出し，合わせてすべての届出資料及び処理意見を省レベルの税務機関に提出しなければなりません。

　中国の所轄税務当局に届出を受理してもらうために，現物出資に関する契約書や所轄機関の許可書類や，出資対象持分の取得及び時価に関する関連会計帳簿と計算根拠，並びに今後継続保有の意思表明など，膨大な資料を提出しなければなりません。

216

　例えば，適格現物出資を申請するのに，「現物出資スキームの全体説明」を
書面で出す必要があります。現物出資前後の資本関係や会社概要の説明は問題
ありませんが，合理的な商業目的を有することの説明はなかなか難しいです。
「投資性公司を作ったから，その傘下に移管するのは当たり前のことで，何の
説明が必要なのか？」と思うかもしれませんが，それでは適格組織再編適用申
請の届出が受理されません。

　事例の場合，当社が置かれた経済環境や，北京A社及び上海B社を含む中国
子会社のリソースの活用，並びにコーポレートガバナンス上の必要性を詳細に
記載する必要があります。

　なお，もう1つの提出資料に，「関連持分の評価報告書」，「その他時価を証
明する資料」があります。本件の場合，北京A社及び上海B社の株価評価を中
国の資産評価会社に依頼しなければなりません。適格要件を満たす場合，譲渡
益に対する課税を繰り延べられますが，その譲渡益の計算基礎になる現物出資
対象法人の時価を証明する必要があるからです。実務上，株価評価の費用が繰
り延べられる税金より高くなる場合，費用対効果の観点から適格の申請を断念
する企業も少なくありません。

　前述のとおり，関連規定により，所轄税務機関は企業から適格届出を取得し
てから30営業日以内に，届出を提出した企業の組織再編の内容を審査し，上級
税務機関に審理のために提出しなければなりません。しかし，このような短期
間で複雑な再編内容をすべて理解し，適格要件を満たすかどうかの実質的な判
断をするのは困難です。多くの場合，不足資料の提出や口頭追加説明を要求す
ることで，受理期限を延ばされるケースが多いです。

　また，以前の許可制時代とは異なり，企業は届出を提出した後に税務調査を
受け，適格要件を満たさない事実が発見された際の法人税を追徴されるリスク
が依然として残ります。形式要件は満たしていても，「実質判断」で適格が否
認されるリスクがある点は，日本と同様です。

(3) 結　論

　香港の経済規模は小さく，治安の悪化や新型コロナウイルス感染，そして米中貿易摩擦のような特定要因の影響を過敏に受ける傾向があります。よって，これらの問題が長期化すると，今後の香港の貿易業，物流業及び観光業などの産業の継続的な落ち込みが懸念されます。

　地域統括本部としての機能を考える場合，これらの問題はマイナス要因となります。中国以外のアジア地域でも事業を展開する日本企業にとっては，中国を含むアジア地域の統括本部としてシンガポールなどの別の国に移管する可能性もあります。

　一方，中国本土のビジネスがメインである場合，また特に華南地域が中心の場合には，香港のみよりも，マカオと広東省を含めたグレーターベイエリアまで幅広く活用することも考えられます。

5　日中クロス・ボーダー組織再編の問題点と今後の税務対応

　クロス・ボーダー企業再編により，グループ内の「ヒト・モノ・カネ」の合理的な配分及び有効的な管理を行い，国際競争力の向上を図る企業が増えています。

　日中間でビジネスを展開する企業にとって，クロス・ボーダー組織再編は必要であり，今後も増加していきます。例えば，進出のための企業買収や資本参加，グループ資源の有効活用を目指す合併・分割，香港市場へのIPOを目指した香港地域統括会社の設立及び株式による現物出資，事業撤退に伴う株式譲渡又は事業譲渡などの組織再編が考えられます。

　企業は買収，グループ内再編，持株会社化又は業務提携など，様々な目的に応じて組織再編の手法を選択し，実行しています。一般的に組織再編の手法として，事業譲渡，合併，分割，株式交換又は株式移転，現物出資などがあります。

目的/手法	事業譲渡（全部or一部）	合併		分割		株式交換	株式移転	その他
		新設	吸収	新設	吸収			
買収	○	○	○	○	○	○	○	株式譲渡，第三者割当増資，現物出資
グループ内再編	○	○	○	○	○	○	○	第三者割当増資，現物出資，DES
持株会社化	○	—	—	○	—	○	○	—

(1)　クロス・ボーダー組織再編の問題点

　一方で，日本，香港及び中国の会社法及び税法の相違が，実務上様々な問題を惹き起こしているのも事実です。ここでいくつかの事例をもって説明します。

> 事例1　日本親会社の吸収分割：日本甲社がその乙事業部を日本乙社を新設して吸収分割させたケース。

＜イメージ＞

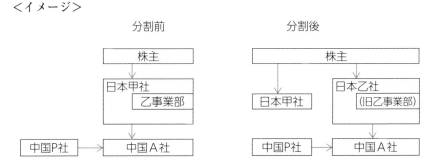

※中国A社は日本甲社と中国Pの合弁会社

　日本の会社法に基づき行われた吸収分割によって，日本甲社の保有する中国A社持分を含むすべての資産・負債は日本乙社に包括承継されることになります。

　一方，中国の分割制度には新設分割と派生分割しかなく，日本のような分割した事業体を既存の会社に吸収合併させるような「吸収分割」制度はありません。その代わりに，「持分支払いによる事業譲渡（整体資産転譲）」制度があります。これは，一部の事業を分割させる会社はその一部の重要事業を他社に譲渡し，その事業譲渡の対価として他社の株式の交付を受けるというものです。

　事業譲渡は吸収分割と異なり，関係者の個別の承認がなければ，資産・負債の移転ができません。よって，本件の場合，中国A社は日本甲社及び中国P社の合弁会社であり，両社の合弁契約書の規定により，日本甲社はそのA社持分を譲渡する際に，事前に中国P社の同意が必要となります。かつ，第三者に譲渡する場合，中国P社は優先購買権を享受することになります。

　もし，中国P社が中国A社の持分を日本甲社から日本乙社に移管することに反対する場合，優先購買権を放棄せず，中国A社持分の移管ができなくなる結果となってしまいます。あるいは，中国P社が合弁契約書に基づきA社持分の優先購買権を申し出る場合，日本甲社はその中国A社持分を継続保有できなくなってしまう可能性もあります。

> **事例2　日本支店の法人化：中国法人である中国甲社は日本に子会社を保有しており，このたび組織のシンプル化を図るために，日本子会社A社を支店化することを検討しているケース。**

　この場合採用できる手法，また採用した場合の各国の法務及び税務上の取扱いについて説明します。

＜イメージ＞

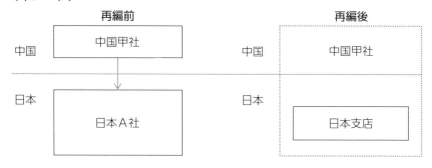

　もし本店と支店が共に日本にある場合は，次の手法が考えられます。

①吸収合併	中国甲社は日本A社を吸収合併することによって，日本A社を支店化する。
②事業譲渡後清算	中国甲社は日本に支店を設立し，日本A社はその事業を中国甲社の日本支店に譲渡したうえで解散・清算する。

　しかし，現行の中国及び日本の会社法上，中国法人と日本法人間の合併が認められていないため，事業譲渡後清算の方法しかとれません。事業譲渡は合併と異なり，包括承継ができないため，日本支店の取引先及び従業員並びにその他関係者の個別承認がなければ，資産負債の移管ができません。

　顧客の数が多い場合又は個別の書面承認に時間がかかる場合，事業の継続性が保たれなくなるリスクさえあり，グローバル企業の事業継続の障害になってしまう可能性があります。

事例3　現物出資の二重課税：日本法人甲社は香港に持株会社である香港A社
　　　　を設立し，その保有する30％の中国B社の持分を香港A社に現物出資
　　　　するスキーム。

＜イメージ＞

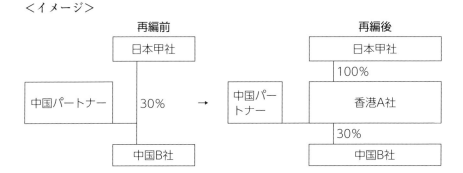

再編前　　　　　　　　　　　　　　　　　　　　　　　再編後

日本甲社　　　　　　　　　　　　　　　　　　　　　　日本甲社

中国パートナー　30％　→　中国パートナー　　香港A社　100％

中国B社　　　　　　　　　　　　　　　　　　　　　　中国B社　30％

① 日本において

●原　　則

　日本の株主は，日本甲社の株式又は中国B社の持分を現物出資することにより取得する香港A社の株式は，当該取得の時における時価をもって計上し，その時価と日本甲社の株式又は中国B社の持分帳簿価額との差額を譲渡損益として認識し，その譲渡損益に対して法人税を申告・納付しなければなりません。

●特　　例

　ただし，その現物出資が日本の法人税法上の適格現物出資に該当する場合，損益を認識せず，日本甲社の株式又は中国B社の持分の帳簿価額をもって投資に計上し，譲渡損益に対する法人税は繰り延べられることになります。

　被現物出資法人か外国法人の場合，出資資産は日本国内の不動産等，その他国内事業所に属する資産（保有割合25％以上の外国株式を除く）以外の資産でなければなりません（法令4の39）。

　本件の場合，中国B社はその株主と100％グループ関係にあり，日本の事業所に属する資産ではないため，適格現物出資に該当し，日本の法人税は繰り延べられることになります。

②　中国において

　中国に恒久的施設を有しない株主は，株主によりその保有する中国Ｂ社持分を香港Ａ社に移転することになるため，中国においては，中国Ｂ社持分を譲渡することによる所得に対して10％に相当する企業所得税を申告・納付しなければなりません。

　ただし，本件持分譲渡は中国の適格組織再編に係る以下の要件を満たす場合，当該譲渡益課税は繰り延べられることになります。

合理的な再編目的	課税の回避，免除及び繰延べを主たる目的としないこと
買収比率	買収（譲受）企業が購入した持分（資産）は，被買収（譲渡）企業の全持分（資産）の50％以上であること
事業継続要件	買収後の12か月間，買収資産は従来の実質的経営活動に使用されること
取引対価	買収により，被買収（譲渡）法人の株主が受ける持分の支払いは，全体取引価額の85％以上であること
株式継続保有要件	買収後の主要株主は12か月間，取得した持分を譲渡しないこと

　日本甲社は中国Ｂ社の持分の保有割合は30％であり，適格要件である50％を下回るため，課税の繰り延べができず，譲渡益の10％に相当する企業所得税を申告納付する必要があります。

　再編から生ずる所得が中国と日本において同時に課税される場合には，中国で課税された外国税額を日本の法人税額から控除し，二重課税を排除することができます。しかし，本事例のように，中国では「時価課税」，日本では「課税の繰延べ」となった場合は，所得の認識時期にズレが生じてしまいます。日本甲社が中国において納付した企業所得税が日本で外国税額控除を受けることができない場合，せっかくの「課税繰延べ」が「日中二重課税」になってしまいます。

事例4　債権の資本組み入れ（DES）
　日本親会社Aは，その中国子会社Bに500の貸付を行っていました。
B社から当該貸付金をB社持分に転換するという要請を受け，DESを
行いました。DESをする際のB社持分の時価は300と仮定します。

本件事例の課税関係は次のとおりになります。

① 日　本

●原　則

　日本の法人税法上，貸付金を現物出資することにより取得するB社持分は，
当該取得の時における貸付金の時価をもって計上し，時価と帳簿価額との差額
を損益として認識することになります（法令119①二）。

　本事例は，原則としてB社持分を時価300として計上し，貸付金の帳簿価額
500とB社持分の時価300との差額200につき，合理的な再建計画に基づき実行
されたDESに限って，債権譲渡損失として税務上損金算入が認められます（法
基通2－3－14）が，合理的な再建計画による実行と認められない場合には，
実質的な債権放棄による損失と同視できることから，中国子会社に対する寄附
金とされるリスクがあることに留意すべきです。

●特　例

　一方DESが，次のイ）・ロ）の条件をいずれも満たす場合は，日本の法人税
法上の適格現物出資に該当するため（法法2十二の十四），損益を認識せず，
貸付金の帳簿価額をもって投資その他の資産に計上することになります（法法
62の4）。

　イ）100％完全支配関係法人間の現物出資

　ロ）現物出資法人に被現物出資法人の株式のみが交付されるもの

　ただし，被現物出資法人が外国法人の場合，出資資産が次のような国内資産
である場合には，適格現物出資とされません（法令4の3⑩）。

　・国内にある不動産及び不動産にかかる権利

　・国内事業所に属する資産

　ただし，保有割合が25％以上の外国株式は，国内事業所に属する資産であっ
ても，国内資産の範囲から除かれているので（法令4の3⑩かっこ書），適格

現物出資の要件を満たします。

　本件DESについて，Ａ社が保有するＢ社の貸付金が「国内にある事業所に属する資産」に該当するかどうかが，本件DESの日本における適格性を判断するためのポイントと言えるでしょう。

　「国内にある事業所に属する資産」に該当するかどうかは，原則として，当該資産が国内にある事業所又は国外にある事業所のいずれの事業所の帳簿に記帳されているかにより判定するものとされています（法基通１－４－12）。本件DES取引について，Ａ社のＢ社に対する貸付金は，Ａ社の国内帳簿上に記帳されていると考えられるため，国内事業所に属する資産に該当し，日本では非適格現物出資となります。

　②　中　国

　●原　則

　中国の企業所得税法及び関連規定により，企業が組織再編をした場合，その再編時の時価により，承継された資産・負債にかかる収益又は損失を認識しなければなりません。そのうち，DESを行う債務者はDES取引を債務の弁済と持分投資に分解し，次の算式により損益を認識することになります。

債務者の認識する再編損益＝債務の帳簿価額－債務の時価

　●特　例

　債務者に財務的な困難が生じたため，債権者が債務者との書面協議書又は裁判所の判決書に従って，債務者の債務を資本に転換する場合，債務にかかる再編損益を認識せず，帳簿価額をもって資本の金額とします（財税［2009］59号通知）。

　③　適格要件が異なる場合

　本件DES取引について，日本では非適格，中国では適格となります。つまり，Ａ社は貸付金の時価と帳簿価格の差額を貸倒損失として認識する一方，Ｂ社は借入金の帳簿価額をもって資本金とし，債務免除益を認識しないことになります。

　再編から生ずる所得が中国と日本において同時に課税される場合には，中国で課税された外国税額を日本の法人税額から控除し，二重課税を排除することができます。また，同時に課税が繰り延べられる場合，その課税されたタイミングで外国税額控除を受けることができます。

【まとめ】

　クロス・ボーダー組織再編の問題点は次のとおりです。

①　根拠法及び適用範囲の違い

　日本の組織再編の手法には，合併，分割，株式交換，株式移転，現物出資などがあります。いうまでもなく，これらの再編には，日本の会社法が適用されることになります。

　一方，国をまたがる企業再編の場合，例えば日本法人がその保有する中国法人の株式を香港法人に出資し，香港法人の株式の交付を受ける，いわゆる「クロス・ボーダー現物出資」を行う際は，準拠法及び適用範囲の判断が必要です。

　現在では，日本・香港及び中国間で会社法を互いに認める条約や協定がないため，国をまたがる再編行為にはそれぞれの国の会社法及び関連法令を適用することとなります。これら3か国の再編関連法令が異なる場合，当該再編行為がいずれかの国で承認されないか又は異なる再編行為として解釈される可能性もあります。

　典型的には，中国には日本の「吸収分割」に相当する再編行為がないため，「事業譲渡」と「合併」に切り離して解釈され，被分割法人が保有する中国の資産の包括承継が認められないなどの事例があります。

②　手続きの違いによる効力発生日の違い

　日本，香港及び中国の会社法の大きな違いは，行政の関与の度合です。中国では，外資系企業の組織再編はすべて政府機関に申請し，許可を得る必要があります。上述のように，クロス・ボーダー再編には，それぞれ日本，香港及び中国の会社法及び関連規定を適用するため，効力の発生要件が異なる可能性があります。

③　各国組織再編税制の違いによる二重課税リスク

　日本・香港及び中国は，企業が再編により移転する資産・負債を時価により評価し，損益を計上しなければならない，いわゆる「時価課税」を原則としています。

　一方，日本及び中国は，一定の要件に該当する企業再編については，損益を繰り延べる「組織再編税制」を導入しています。しかし，国によって，「課税繰延べ」の条件が異なるため，クロス・ボーダー再編取引は，中国で「課税繰

延べ」，日本で「時価課税」になる可能性もあります。

　再編から生ずる所得が中国と日本において同時に課税される場合には，中国で課税された外国税額を日本の法人税額から控除し，二重課税を排除することができますが，上記のように，中国では「課税繰延べ」，日本では「時価課税」に該当する場合には，所得の認識時期にズレが生じてしまいます。

　中国において再編時に繰り延べられた所得に対し，相当期間経過後に，中国の法人税が課税された場合，日本で他に国外所得が生じていなければ外国税額控除を受けることができず，せっかくの「課税繰延べ」が「日中二重課税」になってしまうリスクもあります。

(2) 今後の税務対応

　上記のような課税時期のズレによる二重課税を排除する方法として，2つの考え方があります

① 国内法の整備

●日　本

　平成24年4月9日，国際的組織再編等課税問題検討会（公益社団法人日本租税研究協会）が作成した「外国における組織再編成に係る我が国租税法上の取扱いについて」は，日本の租税法上，外国法を準拠法として行われる組織再編を，日本の組織再編と同様に取り扱ってよいかどうかについて，外国の組織再編が，<u>日本の組織再編の本質的要素と同じ要素</u>を備えるものならば，同様の取扱いとすべきであるとの見解を出しています。

　ただし，外国の組織再編が適格組織再編に該当するかどうかについては，別途，個別事例に即して判断する必要があります[7]。

　ここでいう「本質的要素」を判断するには，各国の会社法及び関連法令に規定されている合併の定義，法的効果，機関決定，債権者保護手続きなど，各方面を総合的に勘案したうえで判断する必要があります。日本及び中国の合併に関する法規定を比較し，その類似点及び差異を分析しなければなりません。

7　「外国における組織再編成に係る我が国租税法上の取扱いについて」国際的組織再編等課税問題検討会（公益社団法人日本租税研究協会，2012）

●中　国

2009年5月7日に，中国財政部，国家税務総局は「企業再編業務にかかる企業所得税の処理に関する若干問題の通知」（財税［2009］59号）及び「企業の清算業務にかかる企業所得税の処理に関する若干問題の通知」（財税［2009］60号）を公布し，これらの通知（以下，組織再編税制という）により，組織再編及び清算の税務処理を明確にしました。

その後，国家税務総局公告［2010］4号，国家税務総局公告［2013］72号，財税［2014］109号，国家税務総局公告2015年48号を次々と公布し，組織再編，特に外国法人又は非居住者による再編の適格税制の条件及び申請手続き並びに提出資料等を明確にしました。これらの規定により，外国法人の合併・分割等の組織再編行為をあくまでも譲渡行為として取り扱うとされていいます。

②　租税条約の整備

両国間の租税条約で組織再編条項を導入することができます。一例として，日本とフランス間の租税条約（「以下，日仏租税条約」）の第13条2（b）の規定で，一方の締約国の居住者である法人が企業の組織再編に関連して株式の譲渡から生ずる収益を取得する場合であって，当該締約国の権限のある当局が，当該組織再編にかかる譲渡に関し，当該締約国の税法上課税の繰延べが当該居住者に認められることを証明する証明書を発行するときは，当該収益は当該一方の締約国においてのみ課税されるとされています。

すなわち，日本とフランスにまたがる組織再編に対して，フランスの適格組織再編税制の条件を満たし，課税の繰延べが認められているものに対して，フランス税務当局の証明書をもって日本でも課税されない可能性があります。逆に，日本の税務当局が適格証明を発行する場合には，フランスでの課税も繰り延べられることになります。

上述のように，中国と日本の合併及び分割制度は定義，法的効果，機関決定及び債権者保護手続きなど，様々な面において類似性があります。今後中国の外資系企業の規制緩和によって，手続き面においてもますます日本に近づけることになります。日中間の子会社の支店化又は支店の子会社化など，事業継続型のグループ内再編に関する条約を締結することは，より日中間の国際経済の加速及び企業の国際競争力の増強につながると考えられます。

【著者紹介】

下岡　郁（しもおか　いく）

税理士

中国吉林省出身。1993年中国の司法試験に合格し，中国の弁護士事務所に勤務。1994年来日，2000年日本の税理士試験に合格。上海土屋商務諮詢有限公司総経理，太陽グラントソントン税理士法人パートナー，香港貿易発展局会計税務アドバイザー，太陽グラントソントン・アドバイザーズ株式会社中国デスクパートナーを歴任し，現在アペックス株式会社取締役，株式会社フェローテックホールディングス社外取締役。

著書に，『AI時代の中国税務調査の実態と対策』（共著，第一法規，2022年），『トラブルシューティング』（幻冬舎，2022年），『図解　中国ビジネス税法（第5版）』（共著，税務経理協会，2019年）があるほか，専門雑誌の執筆及びセミナー講師等を多数担当。

差異の認知で外国税法を理解
日中主要税法比較

2023年7月25日　第1版第1刷発行

著　者　下　岡　　　郁
発行者　山　本　　　継
発行所　㈱中央経済社
発売元　㈱中央経済グループ
　　　　パブリッシング

〒101-0051　東京都千代田区神田神保町1-35
電話　03 (3293) 3371 (編集代表)
　　　03 (3293) 3381 (営業代表)
https://www.chuokeizai.co.jp
印刷／東光整版印刷㈱
製本／㈲井上製本所

© 2023
Printed in Japan

＊頁の「欠落」や「順序違い」などがありましたらお取り替えいたしますので発売元までご送付ください。（送料小社負担）
ISBN978-4-502-46381-5　C3032